天使のエネルギーで、石のパワーを高める

# エンジェル クリスタル・セラピー

ドリーン・バーチュー
ジュディス・ルコムスキー

奥野節子 訳

CRYSTAL THERAPY
by
Doreen Virtue, Ph.D., and Judith Lukomski



English language publication 2005 by Hay House UK Ltd.
Japanese translation published by arrangement with Hay House UK Ltd. through The English Agency (Japan) Ltd.

# はじめに

クリスタルは強力なヒーリングの道具です。

あなたが生まれつき持っているスピリチュアルなヒーリング能力をさらに高めるために、クリスタルを利用しましょう。

この本では、人生のあらゆる面において癒しが得られる石の選び方が学べます（本書では、石とクリスタルという言葉を同じ意味で使っています）。

クリスタルは、身体的、感情的、スピリチュアル的、経済的な面で、あなたを助けてくれます。恋愛をサポートし、あなたや子どもたちがよく眠れるようにしてくれ、ヒーリングパワーを強化し、幸福や安らぎを感じられるように手助けしてくれるのです。

クリスタルは天と地の結婚から生まれたものです。光と愛のパワーを増幅するために、母なる大地がくれた贈り物であり、私たちの地球のスピリットです。

どんなヒーリングにも、クリスタルは役に立つでしょう。この本で、クリスタルから放射される愛のエネルギーを発見できるように祈っています。

クリスタルは不活性体に見えるかもしれませんが、実はとても生き生きとしています。クリスタル自体がエネルギーに満ち、また、エネルギーが流れるルートでもあります。クリスタルが時計やラジオ、医療機器などに使われているのは、そういった理由からです。

この本では、クリスタル界の声に親しみを持っていただけるよう、クリスタルから伝えられたメッセージを紹介しています。

また、本書は、クリスタル・ヒーリングの初心者でも、経験豊かなベテランでも使えるガイドブックです。ある問題について、どのクリスタルを使うべきかが知りたいのであれば、巻末付録のクリスタル・チャートをご覧ください。また、クリスタルに関係する専門用語、クリスタルの形やカットの仕方がエネルギーにどう影響するか、クリスタルがどのように採掘され、その過程がいかに石やそのエネルギーに影響するかといった情報も紹介しています。

# 石とのワークがスピリチュアルな能力を高める

神の普遍的なエネルギーは、スピリット、気、プラーナ、光と愛、レイキなど、いろいろな名前で呼ばれていますが、クリスタルにもそれ自身のエネルギーがあります。クリスタル・セラピーという言葉は、神のエネルギーと協力して、クリスタルの生きとしたエネルギーや声とともにワークすることを意味します。

クリスタル・セラピーは、ヒーリングのセッション中に、スピリットの声がもっとよく聞こえ、感じ、わかるように助けるものです。クリスタルはそこで、あなたのヒーリングを助け、ガーディアン・エンジェルとの対話を手伝ってくれます。

クリスタル・セラピーは直感的なヒーリングなので、あなたが石とワークするにつれて、スピリチュアルな能力が高まっていくのは自然なことなのです。

クリスタル・セラピーを経験することで、クリスタルは生き物であり、誰にとってもわくわくするような癒しのメッセージをたくさん持っているのがわかりました。

あなたが耳を傾けさえすれば、クリスタルはたくさんのことを話してくれます。ですから、本書ではクリスタルを、〝クリスタル界の友人〟と呼び、物ではなく生き物として扱っています。

私たち（ドリーンとジュディス）の使命のひとつに、クリスタル界の友人が与えてくれる贈り物にもっと気づけるようにすることがあります。

あなたにお願いしたいのは、もっとクリスタルに心を開いていてほしいということだけです。

結局、宇宙のあらゆるものは絶えず動いている原子からなっており、神はどこにでも存在します。それゆえ、神はクリスタルの中にも存在し、クリスタルの原子は非常に活動的なのです。

おそらくあなたは、今日の世界に押し寄せている大きな変化を感じていることでしょう。世界の変化のスピードが速まるにつれて、あなたがペースを落とし、しっかり地に足を着けたいと思うのも当然のことです。クリスタルは、その両方に役立ちます。あなたがスピリチュアルなチャンネルを開いて、新しい世界のエネルギーすべてを理解できるように、クリスタルが手助けします。また、あなたを母なる大地へとつなげてくれるでしょう。

## はじめに

このようなすばらしい石たちは、進化の過程を思い出させるために地球上に存在しています。私たちが、この聡明な友人を認め、受け入れるにつれて、クリスタルのポジティブな影響を受け始めます。

もはや役に立たない古いパターンを癒すために、クリスタルは、私たちが高潔かつ誠実に交流したいという気持ちになるのを辛抱強く待っています。そして、私たちの永遠の知識に対する感受性を高めたいと思っています。

はじめてあなたがクリスタルに気づき、それを手に取りたいと思い、自分の手の中で脈打つ波動を発見したのはいつでしたか？

ジュディスは次のように回想しています。

「私にとって石との出会いは、5歳にもなっていない頃、ある暖かい夏の日、家のプールで座っていたときにやってきました。私は、太陽に照らされてきらきら輝く石の美しさにすっかり魅了されたのです。それは、光の中で輝き、私に気づいてほしいと言わんばかりにウィンクしていました。

私は好奇心をそそられ、一つひとつの石がガイダンスやヒーリングや安らぎを与えてくれる友人であるとわかったのです。これが、私と鉱物界との、生涯を通じたすばらしい関係の始まりでした」

クリスタル・セラピーでは、天と自然が協力し、膨大な数の組み合わせと構造を生み出しています。

この本を読みながら、鉱物界があなたを、クリスタルの美しさ、パワー、喜びを探求する旅へといざなっていることを思い出してください。

エンジェル・クリスタル・セラピー
# 目次

## 第4章 クリスタルの浄化＆選び方……77

第5章

# クリスタルクォーツの特徴&性質……89

第6章

# 願いをかなえるクリスタル・グリッド……109

# 第7章 クリスタルからのメッセージ……131

写真提供：
P.91～107, 133, 137,139～149, 154～187, 189～216, 222～236, 239, 242, 245, 246（www.photographybycheryl.com）、P.135, 136, 237, 240, 243, 244（Alamy/PPS）、P.136, 152（Science photo library / PPS）、P.138（Photo researchers /PPS）、P.188（Animals Animals/PPS）、P.217, 241（PPS Digital Network/PPS）、P.153, 218～221（PPS）

# 第1章

# 人間と
# クリスタルの
# つながり

クリスタルは、ニューエイジのものではありません。それは、地球が生まれた46億年前から、地球の一部として存在していました。そして、あなたはたぶん、過去世においてもクリスタルとワークしていたのです。ですから、あなたはクリスタルに親しみを感じ、本能的にどのようにワークすればいいのかわかっています。

クリスタル・チルドレン（感受性が強くスピリチュアルな能力を持つ赤ん坊や幼児）は、教えられてもいないのに、クリスタルを使ったヒーリングについて驚くべき知識を持っています。この生まれながらに持つ知恵のいくらかは、これまで生きてきたいくつもの過去世からもたらされたものでしょう。そこで、クリスタルは、宝石やヒーリングの道具、そして友人としての役割を果たしていたのです。

あなたは、今日のクリスタルに対する関心の復活が、いかに自分の人生に影響を及ぼしているかを考えたことがあるでしょうか？

現代のテクノロジーは、ラジオの電波を増幅させるためや、クリスタル・エネルギーを使った最近の波動医学に、古い天然のクリスタルを用いています。インテリア・ショップでは装飾品としてクリスタルを販売していますし、クリスタルの粉末は美容化粧品の原料になっています（古代エジプトでのように）。鉱物に対する意識はぐんぐん高まっていて、より多くの人がクリスタルのパワーを受け入れ始めています。ですから、クリスタル・セラピーを行うのに絶好のタイミングだと言えるでしょう。

クリスタルはたいてい、古代の知恵や、神秘と魔法の天の洞窟に関係しています。というのは、クリスタルはレコードキーパー（記録係）で、地球のスピリチュアル・ヒーリングの歴史に関する記憶や知識の宝庫だからです。

クリスタルは、古代アトランティス文明、レムリア文明などで用いられた、巨大でまばゆいクォーツポイントやクリスタル・ヒーリングベッドといった見覚えのある記憶をよみがえらせます。その記憶は、天使界や鉱物界とのつながりを取り戻し、永遠の知識の扉を開いて、人類の進化を助ける自然の癒しの力を思い出せるでしょう。

クリスタルは、物質世界では鉱物界の一員です。一方、スピリチュアルな世界では、クリスタルは「エレメンタルの領域」に属していますが、そこには、地球を守り、癒し、保護しているスピリットも存在します。エレメンタルに属する他のメンバーには、妖精、イルカ、エルフ、レプラコーンなどがいます。巨石や四角い大理石のタイルをじっと見れば、その中に「石や鉱物の人」の顔が見えるでしょう。

これは、「自然の天使」で、ガーディアン・エンジェルよりも密度の高い存在です。密度が高いということは、その存在のエネルギーはゆっくりと振動していて、私たちの肉眼で見え、感じられるということです。

エレメンタルや植物や動物や人間は、エネルギー的にいちばん密度が高い存在です。なぜなら、地球の重い物質エネルギーの中に住んでいるからです。この密度のせいで、天上の天使よりも、妖精や木の精やクリスタルのような自然の天使のほうが、感じたり、見たり、聞いたりしやすいのです。そして、私たちの体や食事もクリスタルと同じミネラルからできているので、クリスタルとのワークは、いわば自分の身内と心を通わせるようなものなのです。

環境と人類とのデリケートなバランスに対する意識や尊重が高まるにつれて、私たちと地球との新たな関係性が求められています。クリスタルは、声高に主張する地球のスポークスマンのようなもので、有名なスース博士の絵本『ぞうのホートンひとだすけ』（わたなべしげお訳　偕成社）に出てくる「小さな誰か」を連想させます。この本の中で、ホートンという名の象《ゾウ》は、「小さな誰かの世界」を知らず知らずに吸い込もうとします。ホートンに自分たちの存在に気づいてもらい、彼らの〝惑星〟が吸い込まれてしまわないように、「誰か」たちはみな一斉に、大きな声で叫ぼうと決心しました。でも、ホートンには、一人の小さな若い「誰か」が声を出すまで、まったく何も聞こえなかったのです。

おそらく、あなたの持つクリスタルは、やさしく敬意をもって扱ってほしいと望む、母なる大地の願いが私たちに聞こえるように、声を出しているかもしれません。

## クリスタルは私たちの古代からの友人

鉱物の持つ忘れがたい美しさは、私たちの所有欲を掻き立てます。ですから、人類が長い歴史においてクリスタルを身につけ、ワークし続けているのも不思議はありません。

歴史家や考古学者は、ヒーリングや美の儀式におけるクリスタルの使用は、最も初期の文明にまでさかのぼると考えています。このことは、クリスタルが個人や地球の波動エネルギーを拡大させることを考えれば、驚くに値しません。私たちの祖先は、クリスタルを秘法の道具、エネルギー発生器、コミュニケーション増幅器、医療器具として用いていました。考古学者によれば、クリスタルは幸運や保護のお守り、護符、宝石、すばらしい室内装飾品として用いられたとされています。

どの社会にも、石の使用に関する地域特有の話が存在しています。インドからアメリカまで、文学や科学、文明や神話などのいたるところに、石への興味やその応用についての例をたくさん見つけることができます。

たとえば、ある伝説によれば、ギリシャの島々にかつて、宝石でできた町が存在していたと言います。壁はエメラルドで、道路は黄金でできており、寺院の中には祈りに用いられる巨大なアメジストの祭壇がありました。聖書の出エジプト記にも、高僧の胸当てには宝石が使われていて、それが彼らと神との関係を助けたと書かれています。極東では、金で覆われた非常に美しく貴重な石は、それを身につける人の富や地位を表していました。


宝石と星座の関係は、アーユルベーダや西洋占星術だけでなく、アメリカ先住民のメディスン・ホイール（「生命の輪」とも呼ばれ、あらゆるものが宇宙や自然と連動して存在するという思想）に関する文献や資料の中でも明らかにされています。それは現代文明にも取り入れられていますが、アメリカ先住民は、**ターコイズ**や**銀**のような石や金属には強力なヒーリング特性があり、肉体、感情、エネルギー体のヒーリングを手助けするのを知っていたのです。

先住民の文化では、今でもクリスタルをスピリチュアルな儀式などに用いています。たとえば、オーストラリアのアボリジニは、石と音の波動を用いた儀式を行っていますが、彼らは、ディジュリドゥという大きな竹のトランペットと聖なる図案が描かれた石を使って、ドリームタイムと呼ばれる天地創造の時代へと旅し、精霊とつながります。ヨーロッパや太平洋の島々のシャーマンは、ヒーリングの儀式で、石のパワーにお願いして苦しみをやわらげ、解放してもらうのです。

クリスタルとの関係でいちばん有名なのは、アトランティスでしょう。そこには、クリスタルの波動によって、現代をもしのぐような驚くべきテクノロジーを持つ社会が存在していました。

アトランティスに関しては、空を飛ぶ乗り物、ヒーリングベッド、クリスタルだけで充電される照明器具など、たくさんの伝説があります。エドガー・ケーシーやルース・モンゴメリー、ドロレス・キャノンのような神秘家たちは、アトランティスにおけるクリスタルパワーの両刃の剣について論じています。アトランティスの指導者の中には、力で他国を征服するために、強力な武器としてクリスタルを用いようとした者がいたのです。伝説によると、このような間違ったクリスタルの使用が、アトランティス文明の中心部を爆発させてしまったと言います。

この話は、紀元前360年に書かれた「ティマイオス」と「クリティアス」というプラトンの対話編の2つの話とぴったり符合します。プラトンは、ギリシャの支配者ソロンの孫である若者クリティアスから、アトランティスの伝説を聞かされました。ソロンは、紀元前590年にエジプトを訪れた際に、アトランティスについて知ったのです。これらの対話でプラトンは、アトランティスの突然の終焉について論じています。爆発がクリスタルの誤用によるものであっても、火山の爆発のせいであっても(現代では、このように信じている理論家もいます)、アトランティスの人々はクリスタルの驚くべきヒーリング・パワーとつながっていたのです。ドリーンは『エンジェル・メディスン・ヒーリング』という著書で、アトランティスのクリスタル・ヒーリングベッドや寺院について書いています。

クリスタルへの興味は、スピリチュアルの復興や、私たち誰もが経験しているアセンション（訳注：三次元から五次元へ上昇すること）のプロセスの一部としてよみがえってきたものなのでしょう。アトランティスのクリスタルについて読んでいくうちに、心の奥に懐かしさを感じませんでしたか？　もしそうなら、あなたの目的は、アトランティス人が世界の資源を独り占めしようとして犯した過ちを、現世で繰り返さないようにすることです。現在は、歴史上きわめて重要な時期であり、調和のある平和な変化を創造することが絶対に必要です。

石の持つ能力を明らかにしたのは、この本が初めてではありません。けれど、純粋な目的で鉱物のパワーを意識的に受け入れる最初の人となりましょう。

天に助けを仰ぎ、天使界とつながりながら鉱物界と協力し合うことで、愛と恵みに基づいた強力な関係を築いてください。

天上界とエレメンタル界の結合は、天と地のパワーを融合させ、魔法のようなヒーリング法を生み出します。２つの世界の最もよい部分を受け入れることにしましょう。

## 星座と石の関係

| 星座 | 誕生日 | 関係する石 |
|---|---|---|
| 牡羊 | 3月21日～4月19日 | アメジスト、ジャスパー |
| 牡牛 | 4月20日～5月20日 | エメラルド、カーネリアン |
| 双子 | 5月21日～6月21日 | アクアマリン |
| 蟹 | 6月22日～7月22日 | パール、ムーンストーン |
| 獅子 | 7月23日～8月22日 | ルビー、ジェイド（翡翠） |
| 乙女 | 8月23日～9月22日 | トルマリン、ベリル（緑柱石） |
| 天秤 | 9月23日～10月23日 | サファイア、オパール |
| 蠍 | 10月24日～11月21日 | アゲート、マラカイト |
| 射手 | 11月22日～12月21日 | ラピスラズリ、トパーズ |
| 山羊 | 12月22日～1月19日 | ターコイズ、ガーネット |
| 水瓶 | 1月20日～2月18日 | オニキス、クリアクォーツ |
| 魚 | 2月19日～3月20日 | コーラル、アンバー |

# 第2章

# クリスタルと聖なる幾何学

結晶構造は、宇宙の完全さを地上で現したものです。ギリシャは、このことを理解した最初の文化でした。

「クリスタル」という言葉は、ギリシャ語の「Krystallos《クリスタロス》」と「Kryos《クリオス》」という言葉からできており、それぞれ「氷」と「氷のように冷たい」を意味します。この古代の解釈はまさに真実を言い得ています。なぜなら、クリスタルクォーツは、手触りが冷たく、その中にきらめく氷が閉じ込められているように見えるからです。

ギリシャの哲学者であるピタゴラスは、音楽や物質の形状に基本的な数学的対称性があるのを発見しました。宇宙を理解しようとする探求の過程で、物質の中にカギとなる3つの形を見つけたのです。

それは、正四面体、正六面体、正十二面体です。

ピタゴラスは、これらの形が、数学や言語、音楽や化学の中に一致したパターンとして現れてくるのを発見しました。彼の発見は、物質は等辺・等角の多角形（直線と

## プラトンの立体の５つの形

| 形 | 面の数 | 頂点の数 | 辺の数 | 元素 |
|---|---|---|---|---|
| 正四面体 | 4 | 4 | 6 | 火 |
| 正六面体（立方体） | 6 | 8 | 12 | 土 |
| 正八面体 | 8 | 6 | 12 | 空気 |
| 正十二面体 | 12 | 20 | 30 | スピリット |
| 正二十面体 | 20 | 12 | 30 | 水 |

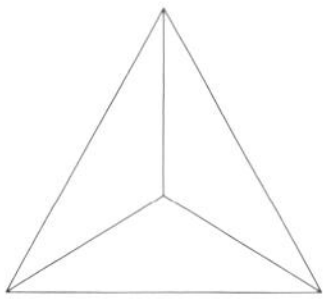

正四面体

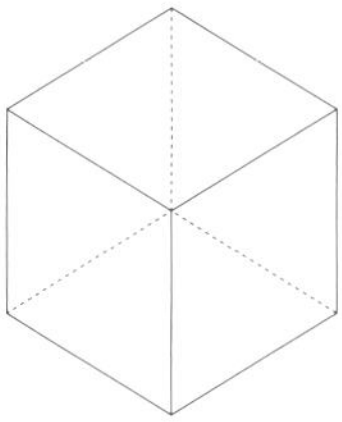

正六面体

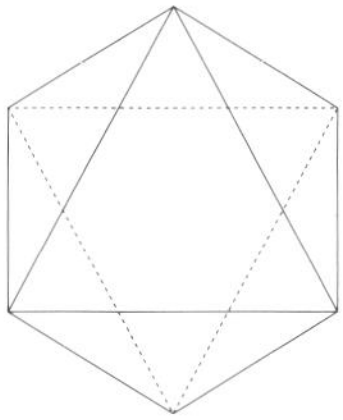

正八面体

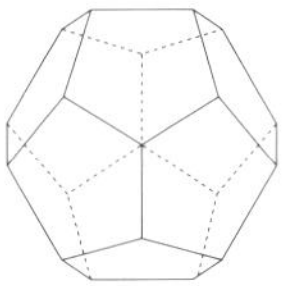

正十二面体

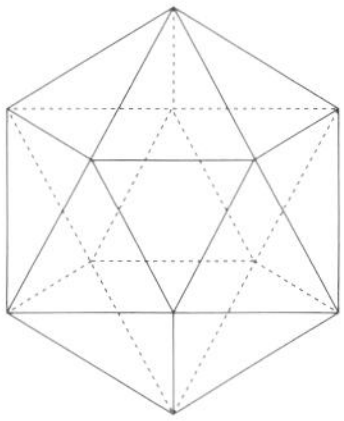

正二十面体

等辺・等角によって仕切られた平面図形）からなる完璧な形をもとにできていることを示したのです。

その150年後、プラトンは著書『テアイテトス』において、基本的形状にさらに2つの形（正八面体と正二十面体）を加えました。

このプラトンの理論は、もともとのピタゴラスの定理を継続的に研究した結果、生まれたものでした。これらの形の組み合わせは、プラトンの立体（多面体）として知られています。

のちに、プラトンは、これらの立体を地上の4元素である火と水と土と空気に結びつけました。5番目はスピリットです。すなわち、非物質的で、メタフィジカルなものです。


プラトンの立体は、聖なる幾何学や聖なるデザインの数式のカギとなります。

古代ギリシャ人は、スピリチュアルな知恵やガイダンスを手に入れるために、これらの5つの形を瞑想に用いました。今日でも、世界中でピラミッドの正四面体を目にすることができます。それらも、スピリチュアルなエネルギーを集めたり、創造したりするための中心点として使われていたのです。

さらに、これらの対称的な形は、生活のあらゆる場面で見られます。たとえば、雪の結晶からDNAのらせん構造、建築からサッカー・ボールにいたるまでです。これらの形を具体化したものが、クリスタルです。つまり、クリスタルはスピリットであり、エネルギーであり、母なる大地から生み出された聖なる幾何学が、形をもってこの世に現れたものなのです。

## 天と地が出会い、喜びの中で創造されるクリスタル

いかなる関係においても、お互いに知り合う過程は、わくわくした発見や経験に満ちていて、それが長期にわたる結びつきをいっそう強めます。クリスタルについての学びも、同じような認識を生み出し、石と石の保護者としてのあなたとのつながりを強めるでしょう。

クリスタルの形成や構成を理解するにつれて、地球のDNAや創造の過程に関する洞察を得たり、クリスタルとの個人的あるいは同じ地球上の一員としての結びつきを

深められるでしょう。

天と地が出会い、喜びの中でクリスタルは創造されます。それは、**テクタイト**（地上に衝突した隕石の高熱などで生じた天然ガラス）のように宇宙から落下してきたり、地球の地質構造によって生み出されたりします。

地球は、３つの基本的な層からできています。すなわち、中心核（コア）、マントル、地殻の３層です。

最も熱い部分は、地球の中心である中心核で、次がその外側にあるマントルであり、いちばん外側にある地殻は冷えています。中心核は高温のため融けて流動性を持った鉄とニッケルでできています。一方、地殻は流動性のない固体ですが、マントルは固体でありながら流動性があります。

これら３つの層において、マグマが形成され、それが外に噴出して水や空気によって冷やされたものが、変成岩や堆積岩です。

次に、鉱床が形成される典型的な４つの方法を示します。

## 1 結晶化

超高温によって結合した物質が、冷えるにつれて鉱物を生み出します。

## 2 再結晶化

高温と非常に高い圧力によって既存の鉱物が反応し、新しい鉱物が形成されます。

## 3 沈殿

水溶液の中の要素が混じり、反応し合って新しい化学組織の物質が生まれ、底に沈殿します。

このようにして生まれるものに**オパール**があります。

## 4 化学的な変質作用

自然条件の変化によって、新しい組み合わせが生まれます。
たとえば、**マラカイト**は黄銅鉱の酸化によって生まれます。
これでおわかりのように、鉱物は、化学的成分や圧力や温度などが混ざり合った、非常に幅広い環境下で形成され、さらにプレートテクトニクス（海底が広がるにつれて地球表面が動くこと。大陸移動にも関係している）のメカニズムを通して、特別な石を生み出すのです。

## クリスタル、鉱物、岩石、宝石の違いとは

クリスタルを扱っていると、最初は、とてもわかりにくく、紛らわしい専門用語にたくさんぶつかるでしょう。

でも、石の起源がわかるにつれ、クリスタル、鉱物、岩石、宝石の違いがわかってくるはずです。

これらを区別する基本的な特徴は、次のようなものです。

### クリスタル

一般的には**クリアクォーツ**（透明な水晶）のことを指していますが、原子が規則正しく配列している物質もクリスタル（結晶）といいます。

### 鉱物

塩や硫黄のような個別の化学組成を持つ物質です。

### 岩石と石

元素と環境のユニークな組み合わせから形成された、鉱物の集合体です。

### 宝石

その色彩や入手の難易度、採掘条件などによって、準宝石や宝石と呼ばれます。

代表的な4つの宝石に、**エメラルド**、**ダイヤモンド**、**ルビー**、**サファイア**があります。

100種類以上の宝石と数千種類の鉱物がありますが、それらは18世紀フランスの科学者ルネ・ジュスト・アユイが提唱した結晶学により、7晶系に分類されます。

結晶学によると、クリスタルは自然のさまざまな力によって生み出されたものであ

| クリスタルの結晶系 | 一般的な鉱物 |
|---|---|
| 立方晶系 | パイライト（黄鉄鉱）、ガーネット、白鉄鉱 |
| 六角晶系 | クォーツ、ベリル（アクアマリン、エメラルド） |
| 単斜晶系 | ジェイド（ジェイダイド、ネフライト）、セレナイト |
| 斜方晶系 | アレクサンドライト、キャッツアイ（猫目石） |
| 正方晶系 | ジルコン、黄銅鉱（銅の鉱石） |
| 三斜晶系 | 長石、ラブラドライト、ムーンストーン |
| 三方晶 | トルマリン、クォーツ、ダイオプテーズ |
| 非晶質 | オブシディアン、アンバー |
| 有機質 | コーラル、パール |

り、その過程で対称面などの特徴的な形を持つようになったと考えています。そして、鉱物は、結晶中の対称面や対称軸などで分類することができます。

難しく聞こえるかもしれませんが、少し考えれば、クリスタルをタイプ別に分類するのは意味があることです。

ほとんどの結晶学者は、アユイの7つのグループに、上の表のような2つのグループを加えています。

でも、クリスタル・セラピーやクリスタルのヒーリング・パワーから恩恵を得るために、これらの分類を記憶（あるいは完全に理解したり）する必要はありません。

## 人工石と天然石の見分け方

お店にクリスタルを買いに行くと、人工のクリスタルと、母なる大地から生まれた天然石があるのに気づくでしょう。

多くの場合、人工石はそれほど高くないので、表向きの値段の安さにひかれてしまうかもしれません。でも、それを買う前に、しばらくその石のエネルギーを調べる時間を取ってください。

天然石を手に持った後で、人工石を持ち、どのように感じるかを比較してみましょう。おそらく、天然石のほうが強く、温かい愛に満ちたエネルギーを感じられるはずです。

自然に生み出された石からは、母なる大地の歴史や愛や知識が流れ出ています。モルダバイトのような石は、宇宙の宝物庫からの贈り物です。

クリスタル・セラピーでは化学合成で作られたものを使うこともありますが、それほど多くはありません。そのエネルギーの振動は、本物の石とは異なることに、多くの人が気づいています。

その違いの一つは、年月にあります。つまり、自然に形成された石には、地球の長い歳月の知恵が含まれていますが、人工石には未熟なエネルギーしかありません。

この観点から見れば、クリスタル・セラピーでは、クリスタルをいかに用いるかだけでなく、そのクリスタルがいかに形成され、採掘され、取引されたかについて理解することも重要だと言えるでしょう。

## 愛情をもって採集された石を選びましょう

ほとんどの採掘作業において、クリスタルの採集が本来の目的だったわけではなく、ついでとして行われていました。他の鉱石を採集していたり、採掘基盤の準備をしていた鉱夫が、たまたま見つけたものにすぎなかったのです。

けれど、クリスタルの人気が高まるにつれて、その採掘を第一の目的にするという新しい傾向が起こりました。採掘には爆発物を用いる場合もありますが、できるだけ手掘りで、という動きが始まっています。さらにいいのは、特別な道具を使わず、見つけ出すことです。

環境保護論者たちが、動物界や植物界のためだけでなく鉱物界のためにも地球を守ろうという断固たる態度を取っているのは偶然ではありません。石たちは、私たちの助けを必要としています。彼らの家はダイナマイトによる爆破や薬品使用というような乱暴なやり方で破壊されつつあるのです。

あなたにも環境を意識した消費者運動を通して、手助けをすることができます。それは、有機栽培の農産物や放し飼いの動物性食品を買うことと似ています。

店主に、鉱物の歴史や石そのものについて尋ねてみてください。

石を手に取り、目を閉じて、地中からどのように採掘されたのか、心の中で尋ねてみましょう。

それは、過酷な方法で採掘されたものですか？　それとも愛情深く採集されたものですか？

自分が受け取った答えを信じましょう。

過酷な方法で地中から採掘されたクリスタルには、粉々になったエネルギーが残ってしまっています。あなたは、その波動の中に残存しているネガティブなパワーを感じるでしょう。

もしそういった石を持っているなら、純粋なエネルギーにアクセスしたいという意志をもって浄化し、石とそれが採掘された地中の両方をヒーリングするために祈ってください。そうすれば、すぐに変化が感じられるはずです。

クリスタルの世話人になるのは名誉なことです。

あなたの親しい友人のように接してください。言いかえるなら、クリスタルに愛情を注ぎ、敬意を表しましょう。

クリスタルは、宇宙の知恵の本質を理解する能力が高まるように、あなたをサポートしてくれます。

# 第3章

# 天使と実践する<br>クリスタル・セラピー

クリスタルは、単なる美しい装飾品ではありません。それは、パワフルなエネルギーの伝導体で、その魅力的な色、形、含有物（鉱物の中に入っている異物）などのすべてが、エネルギーをいかに増大するかに関係しています。

アトランティス時代、あるいはそれ以前から、クリスタルはヒーリングに用いられてきました。クリスタルは、圧電効果（圧力をかけると電気を発生する現象）によって、エネルギーを増幅します。今日、病院では、診断やヒーリングに**クリスタルクォーツ**、微量天秤、圧電性結晶のセンサーを使っています。さらに、クリスタルは、ラジオや時計、その他電化製品にごく普通に用いられてきました。そして、私たちの体や食事にも多くのミネラル成分が含まれているので、これらの元素は、地球上での私たちの家族であることを忘れないでください。

もしあなたが、神はどこにでもあまねく存在すると信じているなら、創造者はクリスタルの中にもいるでしょう。クリスタルの中には生き生きしたスピリットが存在し、これらの〝石の人たち〟は愛すべき存在で、あなたや地球に喜びやヒーリング、幸福をもたらしたいと思っているのです。

## ヒーリングの効果はあなたの目的によって変わる

クリスタル・セラピーとは、直感的方法で石を用いて、あらゆる種類のヒーリングに役立てることです。

石とワークするとき、天使のエネルギーやガイダンスをお願いしてください。さらに聖なる光を自分の体を通して流し、それをクリスタルや、ヒーリングを受けている人や動物のほうへと向けましょう。

おそらく、あなたは前世で、あるいは夢の中で魂が旅している最中にクリスタル・セラピーを行った経験があり、石とのワークにとても親しみを感じるはずです。このようなセラピーは、ヒーラーとヒーリングの受け手の双方にとって、喜びにあふれ、気持ちを高揚させるものだとあらためて発見できることでしょう。

クリスタル・セラピーを行う際には、あなたの目的がセラピーの方向性を決めます。

クリスタルはエネルギーを増幅させるので、あなたの心の中にある目的も強めます。ですから、ヒーリングを始める前に、集中して、自分の心と体を落ち着かせてください。そして、「このヒーリング・セッションでの、私の目的は何だろうか」と自問しましょう。

自分に正直になってください。

たとえば、自分の〝特別なヒーリング能力〟で他人を感心させたいという動機を感じたら、それは、エゴが関係する目的であることに気づきましょう。私たちは誰でも、しばしばそのような罠に陥るものなので、恥じる必要はありません。でも、他人を感心させたいという目的でクリスタルを用いれば、心の中にある恐れ（「もし相手に気に入られなかったらどうしよう？」）のエネルギーが強くなってしまうでしょう。

自分がこのような状態にいるのに気づいたら、

「大天使ヨフィエル、大天使ミカエル、大天使ラファエル、光と愛と奉仕という純粋な目的を持てるように助けてください」

と願ってください。

これらの天使（のちほど詳しく説明します）は、あなたがエゴではなく、ハイヤーセルフとつながれるように助けてくれるでしょう。

エゴが関係し、ヒーリングの邪魔をするような目的がもう一つあります。それは、クライアントを自分の収入源だと思ってしまうことです。

実際、あなたからクライアントに流れていく光と愛は、私たちみんなを慈しむ源泉からやってきます。お金のことを心配してヒーリングを行えば、その恐怖感が目的となってしまい、ヒーリングのエネルギーを減少させてしまうでしょう。

けれど、ヒーリングの対価を受け取るのは決して悪いことではありません。実際、クライアントがあなたにお金あるいは何らかの支払いをするとき、両者にとって健全で望ましいエネルギーの交換がなされているのです。でも、報酬は、与え、受け取るという宇宙の法則の自然な一部なのだと理解することが大切です。それは、クライアントからやってきたものではなく、あらゆるものの源から、クライアントを通して流れてきたものなのです。

さらに、天に対して「ヒーリングセッションがこのように進み、ある特定の結果が生み出されるように」という指示を出さないようにしてください。

天に自分の望む結果のあらましを伝えることは、それ以上にすぐれた独創的な結果がやってくる妨げとなります。ですから、どのようにヒーリングが起こるべきかについて心配したり、宇宙にお願いしたりしないようにしましょう。

宇宙の聖なる無限の知恵は、私たちが望んでいる以上に多くのことを叶えてくれるのです。そして、ヒーリングを現実化するための創造にも関わっていることを忘れないでください。

ヒーリングや現実化がどのように起こるかは、神にまかせましょう。そうすれば、あなたはもっと楽しむことができ、ストレスもへり、もっと実りある結果が得られることでしょう。

目的が次のようなものであったときに、すばらしいヒーリングと現実化がもたらされるでしょう。

- 神の愛と光のクリアなチャンネルになりたい。
- 自分とともに働いている存在に、純粋に仕えたい。
- ヒーリングの最中、天使のガイダンスをはっきりと聞きたい、見たい、感じたい、知りたい。

●すべての人の幸せのために、最高の結果をもたらしたい。
●世界とそこに住むすべての人たちに、恵みをもたらしたい。

これらの目的は、最もクリアでパワフルなクリスタルのように、豊かなヒーリング・エネルギーを流せるよう、あなたの心を開きます。さらに、自分の天使やガイド、創造主、ハイヤーセルフに、あなたの思考を導き、浄化してほしいとお願いしてもよいでしょう。クリスタルのように美しく澄んだ目的を持てば、あなたと石の中を流れるエネルギーは最大になるでしょう。

ヒーリングのためのお願いを心に決めたら、次は、クリスタルでワークしている最中にもたらされたガイダンスの意味がわかるだろうか、と心配になるかもしれません。でも、そんな心配はいりません。ヒーリングではいつでも、簡単に理解できるはっきりとしたガイダンスが与えられると信じていてください。

あなたの純粋な目的が、すばらしいヒーリングとその成果を約束しています。

## 天使にお願いする

次に、天使に助けとガイダンスをお願いしましょう。
たとえば、心の中で次のように言ってください。

「創造の聖なる愛と光、ヒーリングの天使たちにお願いします。
どうぞ、ヒーリングや現実化を望む目的の言葉をここに入れてくださいについて、
私を助け、導き、お守りください。
あなたの知恵、愛、光が、ヒーリングと最も高い目的のために、
私のすみずみにまで送られ、クリスタルによってますます大きくなりますように。
ありがとうございました」

ガーディアン・エンジェルだけでなく、「クリスタルの天使」にお願いしてもよいでしょう。クリスタルの天使の専門分野は、私たちを地上の岩石や鉱物、クリスタルの中に存在する神の愛のエネルギーと結びつけることです。

ジュディスは、はじめて自分がクリスタルの天使とつながったときのことをはっきり覚えています。

「私がクリスタルのエネルギーと初めてつながったとき、自分のそばに何かが存在しているのを感じました。単なる水晶の波動ではなく、天のやさしい愛で包まれているのを感じたのです。最初は、私のガーディアン・エンジェルか大天使だろうと思いました。そのうち、『クリスタル』（私のところへやってきたクリスタルの天使の名前です）だとわかったのです。彼女の波動はやさしい愛を与えてくれ、まるで母なる大地が形となって現れたようでした。私は、ピンクと緑色がかったやわらかな黄金の光の中に、その天使の喜びに満ちた本質を見出すことができました。それはまるで光が反射したときに、クリアクォーツの中に見える虹のようでした」

クリスタル・セラピーを行うときには、クリスタルの天使を招き入れてください。

クリスタルの天使は、あなたがクリスタルを選択したり、鉱物が持つ知恵を理解したりできるように助けてくれます。次のような、シンプルながらとても効果的なメッセージを届けてくれることでしょう。

「くつろいで、呼吸してください。

あなたの周りには天と地からの助けがあふれています。

どんな旅でも決してあなたは一人ではありません。

質問があれば、尋ねてください。

そうすれば、あなたが求めている知識を受け取れるでしょう。

自分に適切なものを見極める能力があると信じてください。

心を開いて耳を澄ましましょう。

私たちは、きらきら輝く知恵の宝石と共にあなたのところへやってきて、今まで忘れていた秘密を思い出させます」

クリスタルの天使とガーディアン・エンジェルは、あなたがクリスタル・セラピーで、どのクリスタルを選ぶべきかを導いてくれます。あるいは、自分の目的に合う石を選べるように、本書の第7章か巻末のクリスタル・チャートを参考にしてもよいでしょう。

天使はあなたの手を取って、クリスタルをどこに、どのようにして置けばいいのかを教えてくれます。このガイダンスは、第六感、直感、映像、言葉、思考のようなものでやってきます。もし自分の能力に疑いや恐れの気持ちがあれば、心の中で大天使ミカエルを呼んでください。ミカエルが勇気をくれ、恐れを取り除いてくれるでしょう。大天使ミカエルのことを考えるだけで、必ずすぐにあなたのもとにやってきてくれると保証します。

あなたは、クリスタルの天使やガーディアン・エンジェル、あなたがヒーリング・エネルギーを送っている人の天使、大天使にお願いできます。より多くの助けがやってくればくるほど望ましい結果になることでしょう。

大天使はガーディアン・エンジェルの監督者で、9種類ある天使の一種です。天使には、天使、大天使、権天使、能天使、力天使、主天使、座天使、智天使、熾《し》天使の9種があり、これらのうち地球とその住人を助けることにいちばん多く関わっているのは天使と大天使です。

大天使は、天使よりも大きくてパワフルです。彼らは肉体を持っていませんが、あなたがチャンネルを合わせさえすれば、簡単に感じられ、聞こえ、目に見えます。肉体を持たない天上界の存在なので、彼らには性別がありません。でも、その専門分野と特徴によるところの男性的あるいは女性的なエネルギーやイメージが感じられます。

大天使についての研究や書物は、非常に古くから存在していて、特定の宗教に限られていません。昔の一神論的なスピリチュアル書には、15種類の大天使が記載されていました。彼らは異なる名前で呼ばれることもありますが、ここでは最も一般的な大天使を紹介したいと思います。それぞれの専門性と性質を説明しますので、クリスタル・セラピーで、どの大天使にお願いするかを決めるときの参考にしてください。

## アリエル

この名前は、「神の獅子」という意味です。
野生動物や自然環境を癒したり、助けたりします。

## アズラエル

この名前は、「神が助ける者」という意味です。
深い悲しみを癒し、愛する人を失った人々を慰めようとしている人を助けます。

## チャミュエル

この名前は、「神を見る者」という意味です。

不安や心配を癒し、個人あるいは世界規模での平和をもたらします。

失くした物や望むような状況や人々が見つかるように手助けします。

## ガブリエル

この名前は、「神のメッセンジャー」という意味です。

妊娠や出産において助けや癒しを与えてくれます。

創造的なプロジェクトに関する不安を取り除き、特に、親、ジャーナリスト、演説家を助けます。

## ハニエル

この名前は、「神の栄光」という意味です。

女性の周期に関して癒しを与え、透視能力を高めてくれます。

## エレミエル

この名前は、「神の慈悲」という意味です。

感情を癒し、私たちが人生を見直して検討できるように助けてくれます。それにより私たちは許しを与え、前向きな変化を起こせるでしょう。

## ヨフィエル

この名前は、「神の美」という意味です。
ネガティブなものや混乱したものを癒します。
私たちの思考、家、オフィスなどに美や秩序をもたらしてくれます。

## メタトロン

生前は預言者エノク（旧約聖書に登場するイスラエル民族の祖で預言者）であったメタトロンは、学習障害などの子どもに関する問題を癒し、特にインディゴ・チルドレン（訳注：クリスタル・チルドレンと同様に感受性が強く、スピリチュアルな能力が高いが、新しい変化を起こすという戦士の気質を持って生まれた子ども）やクリスタル・チルドレンのようなスピリチュアルな能力に恵まれた子どもたちを助けます（メタトロンとサンダルフォンは、大天使の世界にアセンションした預言者なので、彼らの名前は、ヘブライ語表記の「エル」で終わっていません）。

### ミカエル

この名前は、「神に似たもの」という意味です。

恐れや疑いの気持ちから解放し、私たちを保護し、ネガティブなものを取り除いてくれます。

### ラギュエル

この名前は、「神の友人」という意味です。
すべての人間関係に調和をもたらし、誤解がとけるように助けてくれます。

### ラファエル

この名前は、「神は癒す」という意味です。

人間や動物の肉体的な病気を癒し、ヒーラーやヒーラーになろうとしている人を導きます。

### ラジエル

この名前は、「神の秘密」という意味です。
スピリチュアルな障害を取り除き、夢の解釈や過去世を思い出す手助けをします。

### サンダルフォン

生前は預言者エリヤ（旧約聖書に出てくるヘブライ人の預言者）であったサンダルフォンは、攻撃的な性質を癒してくれ、ミュージシャンを助け、癒しの音楽に関するインスピレーションを与えます。

### ウリエル

この名前は、「神は光」という意味です。

拒絶していたり、許せないような状況を癒し、洞察力や新しいアイディアを私たちに与えてくれます。

## ザドキエル

この名前は、「神の正義」という意味です。

記憶力や学習能力などに関する癒しを与えてくれます。


天使や大天使にお願いするのに加えて、アセンデッド・マスターに助けをお願いしてもよいでしょう。

アセンデッド・マスターは、スピリット界から私たちを助けてくれる偉人たちです。彼らの多くは、さまざまな宗教や文化で高名な教師やヒーラーですが、その中には、イエス、モーゼ、仏陀、観音、ガネーシャ、聖者、女神などがいます。

あなたがクリスタル・セラピーをしている最中に、アセンデッド・マスターがやってくるかもしれません。アセンデッド・マスターについてのもっと詳しい情報は、

『願いを叶える77の扉』（ドリーン・バーチュー著　宇佐和通訳　ライトワークス）を参照してください。

ひとたび天使や大天使、アセンデッド・マスターにお願いすると、彼らは膨大な神の愛と光を脈打たせ、あなたの中のすみずみにまで注ぎ込みます。ヒーリングしている相手が誰であろうと、どんなものであろうと、クリスタルはその中へ、このエネルギーを集中させて流し入れます。

たとえば、悲しみにくれる人を癒そうとしているなら、**オブシディアン**、**ラピスラズリ**、**ローズクォーツ**を、その人のハート・チャクラの近くに置き、喪失や悲しみの感情を癒してあげてください、と天使は導くでしょう。その後、天使は、あなたとクリスタルの中へ愛に満ちた大きな光の波を送り、その人の心から落胆や罪悪感、怒りなどの障害となっている感情を取り除きます。あなたとクリスタルは、スチーム洗車のホースのような機能をはたし、有害なエネルギーを取り除くために、勢いよく浄化の光を噴きかけます。

## クリスタル・セラピーのさまざまな方法

クリスタル・セラピーには、さまざまな種類があります。いずれにも共通するのは、癒しというあなたの目的を増幅させる道具として、クリスタルを用いることです。

クリスタル・セラピーの方法をいくつかご紹介しましょう。

### 天使とのコミュニケーション

自分のガーディアン・エンジェルや大天使と対話したいという目的を心に抱き、**セレスタイト**や**エンジェライト**を手に持ってください（あるいは近くに置いて瞑想してください）。

もちろん、天使の声を聞き、話をするのに、クリスタルが絶対必要なわけではありませんが、これらの特別な石は、天使界と非常に波長が合うので、メガホンのように働き、あなたと天との会話のボリュームを大きくしてくれます。

## アストラル・トラベル

アストラル・トラベル、すなわち体外離脱の最中、あなたの魂は宇宙を自由に飛び回っており、聖なるシルバーコードによって体につながった状態です。**アポフィライト**を手に持ったり、あるいは身につけたりして、アストラル・トラベルをしたいと願いながら瞑想すれば、それが実現し、その経験がさらによりよいものになるでしょう。

## チャクラ・バランシング

チャクラは、私たちの体の大切なエネルギーセンターで、体の活力、心の状態、スピリチュアルな能力を調整しています。これらのセンターのバランスがとれていると、私たちは調和のとれた生活を送ることができます。でも、バランスが崩れると、それが関係した領域に混乱が生じます。

クリスタルはチャクラをきれいにし、バランスをとる助けをします。横になって、体の各チャクラの場所にそれぞれ対応する石を置くか、あなたが横になっているベッドやマッサージテーブルの下に置いてください。

各チャクラに対応する石を手に持って、瞑想してもいいでしょう。

| チャクラの位置 | 対応する主な石 |
|---|---|
| ルート | ガーネット、スモーキークォーツ、ヘマタイト |
| セイクラル | アンバー、シトリン、オレンジカルサイト |
| ソーラープレクサス | タイガーアイ、シトリン、トパーズ |
| ハート | ローズクォーツ、エメラルド、クンツァイト |
| スロート | アクアマリン、ターコイズ |
| サードアイ | アメジスト、ラピスラズリ |
| イヤー | ルチルクォーツ、ピンクトルマリン、タンザナイト |
| クラウン | スギライト、クリアクォーツ、チャロアイト |

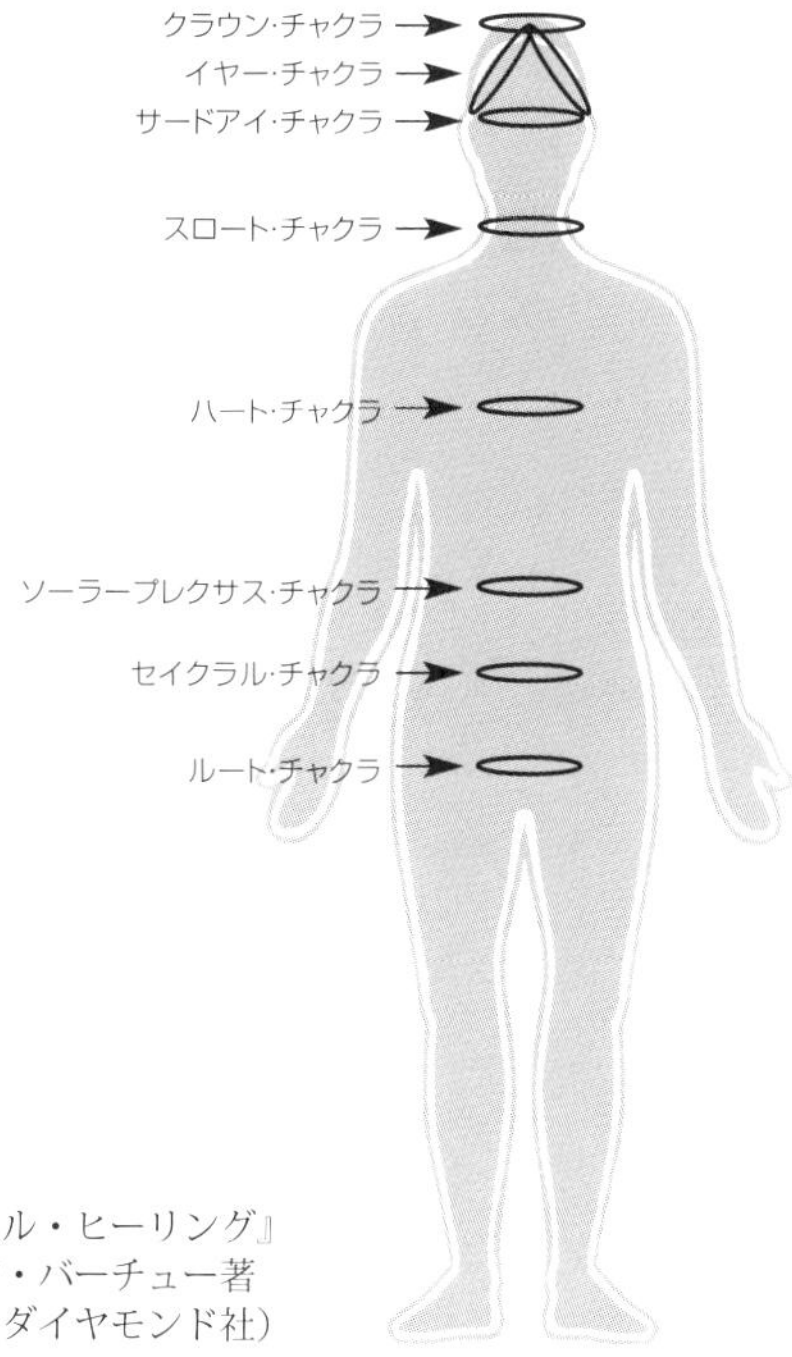


参照：『エンジェル・ヒーリング』
（ドリーン・バーチュー著
ダイヤモンド社）

## カラーセラピー

カラーセラピーでは、色のついた光を使ったり、オーラソーマのように2色のカラーの液体ボトルを使ったりしますが、有色の石にも、カラーセラピーで用いる色の特性が含まれています。ですから、適切な石を選べば、生命を強化したり、バランスをとることができるのです。

たとえば、**ルビー**は体内を流れる血液の色に似ているので、生命力を与える赤のエネルギーを表します。**ローズクォーツ**は無条件の愛を表していて、ピンク色から感じられる調和のとれた普遍の愛の波動を持っています。

## クリスタル・バス

塩やミネラルの入ったお風呂は、不要になった過去の残留物を洗浄剤のように取り除き、私たちがオーラをきれいに保てるように助けてくれます。お風呂に入るときにクリスタルを浴槽に入れると、お湯のヒーリング力をいっそう高められるでしょう。

本書の第7章を参考にして、あなたの目的と関係のあるクリスタルを選んでください（創造性を高めるために**タンジェリンクォーツ**を選ぶ、というようにです）。

海塩を入れたお風呂にクリスタルを入れ、さらにフラワーエッセンスを一緒に用いると効果が高まります。でも、塩水に入れても大丈夫な石を選ぶようにしてくださいさい（あるいは、最初にテストしましょう。たとえば、石膏の一種である**セレナイト**は塩水に溶けてしまいます）。

石を浴槽近くの水のかからない場所に置くだけでも、その効果に違いはありません。

### 飲料水に入れる

よごれやくもりなく磨かれたクリスタルを飲料水に入れておくと、水の波動が高まり、そのヒーリング効果も高まります（ただし、石を飲み込まないように十分注意してください）。

### エリキシル（万能薬）

粉末状にしたクリスタルを水に入れると、効能の高い秘薬ができます。

この古代からある薬を作るには、適切な石を選ぶことが重要で、かなり広範囲にわたる知識が要求されます。というのも、鉱物には、たくさんの化学物質の組み合わせが含まれるからです。どの混合物を摂取するにしても、それが肉体に及ぼす影響の可能性をしっかり理解しておくことが必要です。

このような理由から、監督者なしに一人で作るのではなく、ホメオパシーの専門医や栄養士のような資格を持つ専門家と一緒に作ることをおすすめします。

## 風水

風水は、古代中国から伝わる学問です。風水によれば、私たちの環境におけるあらゆるものに意味と目的があります。

クリスタルは、家や建物内の気（エネルギー）の複雑なバランスをとるために、しばしば用いられる自然のエレメントです。風水のバグアマップ（風水で住居や仕事の場のエネルギーを改善するために用いられるエネルギーマップ）に対応するクリスタルについては、74ページを参照してください。

## グラウンディングと保護

まるで夢を見ているようにぼうっとした感じがするなら、クリスタルを使うことで、しっかり地に足をつけ、今この瞬間に意識を集中できるようになります。

さらに、クリスタルは、あなたのエネルギーシールドを強くし、世の中の強烈で、ときには荒々しいエネルギーの攻撃から守ってくれます。

元気がなかったり、自分のエネルギーシールドを強化する必要があるなら、**ヘマタイト、ブラックトルマリン、オブシディアン**が、すばらしい効果を発揮します。物言わぬ友人として一緒に持ち歩いてください。きっと地に足が着いた状態にしてくれるでしょう。

## 集団内でのコミュニケーション

**クラスター**（たくさんのポイントが放射状に突き出たクリスタル）は、家族会議やビジネスでのミーティングに調和や協力、効率性をもたらします。

一つのグループ内でもユニークな物の見方がいくつもあるように、一つの**クラスター**は、個性的ないくつかのポイントからなっています。

ミーティングの場所、あるいはグループでの話し合いが行われる場所の近くに置いてください。

## ヒーリング

クリスタルのエネルギーは、エーテル体、感情体、肉体を強くし、バランスの乱れや病気の部分を癒してくれるすばらしい協力者です。目的を持って、天からのガイダンスをお願いし、選択した石（第7章で紹介しているようなもの）とともにワークすれば、強力なつながりが生み出され、愛にあふれたエネルギーが、天と地から体のすみずみにまで流れていくでしょう。

## アクセサリー

石を身につけることはとても効果があります。特に、心臓やのどの部分につけると効果的です。

そうすることで、太陽神経叢《たいようしんけいそう》（ソーラープレクサス・チャクラ）付近に途切れのないエネルギー伝導のルートが確立されるからです。

一方、必要に応じて、装飾品やヒーリングの道具として特定の石を使うことができます。あなたが計画した活動や、その日の気分によって石を選択するといいでしょう

（感情との関わりは、第7章で紹介しています）。

## 人生の目標

人生での問題を見極め、はっきりさせるということは、誰もが抱える共通のテーマです。これに関していちばん効果的な方法の一つに、**クリアクォーツ**を**ブラックトルマリン**と一緒に使うことがあります。この組み合わせは、目的や方向性を強め、目標を明確にする手助けをします。

石を手に持つか、石の近くに座って、瞑想してください。自分の人生の目標についてはっきりした方向性を知りたいという気持ちを持ち続け、このガイダンスを受け取る能力を高めてくれるように石にお願いしましょう。

## 石を配置する

クリスタル・ヒーリングでは、治療を助けるために、体の上に特定のクリスタルを配置することがあります。病気予防や活力回復のための浄化法はいくつかありますが、たいていは資格を持ったプラクティショナーとともに行われます。彼らは、標準的な石の配置と直感的な石の配置の両方を用いるでしょう。

ジュディスはこう言っています。

「私のクライアントの多くは、感情的苦痛を癒すための助けを必要としています。最善の方法の一つに、胸の上に**ローズクォーツ**のサークルを作ることがあります。そうすれば、クリスタルのエネルギーによって、神の愛と一つになることを思い出せるでしょう」

## 瞑想

瞑想の友としてクリスタルを用いれば、それはエネルギーの強力な加速装置となります。
両端にポイントのある**ダブルターミネーティド**（95ページ参照）のクリアクォーツを使えば、あらゆるレベルで、あなたという存在から出入りしている聖なるエネルギーの流れを大きくする助けとなるでしょう。

## 個人的な成長

すべての人が、向上あるいは発展する可能性を持っています。自分に合う石を使うことで、その進行を速め、癒しの経験を深めることができるでしょう。

たとえば、**シトリン**は自信を与え、**フローライト**はスピリチュアルなつながりを深め、**アメジスト**は透視能力を伸ばします。クリスタルを手に持ったり、身につけたり、瞑想に使ったり、また、これらの方法を組み合わせて使ったりすれば、このような恩恵を受け取れるでしょう。

## 石を手に持つ

つねに手に石を持っていると、クリスタルの波動が、あなたのエネルギー・フィールドへ絶えず流れ続けます。触ることで石のエネルギーとつながれるからです。

これは、あなたが今この瞬間に意識を集中できるように助けてくれます。そして、恐れを取り除き、ポジティブなものを強めてくれるでしょう。

## チャクラと対応する石

### ◆ルート・チャクラ

重点：生存、安全、グラウンディング
場所：尾てい骨
色：赤、黒
スピリチュアルな能力との関係：空間的直感
石：ガーネット、ルビー、レッドジャスパー、ブラックトルマリン、スモーキークォーツ、ヘマタイト

### ◆セイクラル・チャクラ

重点：創造性、官能性、親密さ、健康
場所：下腹部（おへその下）
色：オレンジ

スピリチュアルな能力との関係：バランス
石：アンバー、シトリン、カーネリアン、オレンジカルサイト、トパーズ

## ✦ソーラープレクサス・チャクラ

重点：自信、パワー、感情の安定
場所：胃のあたり
色：黄色
スピリチュアルな能力との関係：ヒーリングと教える能力
石：ゴールデントパーズ、タイガーアイ、シトリン

## ✦ハート・チャクラ

重点：思いやり、無条件の愛、共感
場所：胸の中央
色：ピンク、緑
スピリチュアルな能力との関係：クレアセンシェンスと直感

石：ローズクォーツ、アベンチュリン、クンツァイト、エメラルド、ピンクトパーズ

### ◆スロート・チャクラ

重点：コミュニケーション、真実を話すこと、自発性
場所：のど
色：明るい青
スピリチュアルな能力との関係：表現
石：アクアマリン、クリソコラ、ラピスラズリ、ソーダライト、ターコイズ

### ◆サードアイ・チャクラ

重点：直感、明晰さ、認識力
場所：額の中央
色：濃い青、インディゴ・ブルー
スピリチュアルな能力との関係：クレアボイアンス
石：アメジスト、ブルーカルサイト、ラピスラズリ、ソーダライト

### ✦イヤー・チャクラ

重点：聞くこと、耳を傾けること
場所：左右の眉の上
色：赤紫
スピリチュアルな能力との関係：クレアオーディエンス
石：ルチルクォーツ、ピンクトルマリン、タンザナイト

### ✦クラウン・チャクラ

重点：ハイヤーセルフとスピリチュアリティ
場所：頭の上
色：白、青みがかった紫色
スピリチュアルな能力との関係：クレアコグニザンス
石：アメジスト、チャロアイト　クリアクォーツ、セレナイト、スギライト

## 風水バグアマップ

家内の調和は個人の平和の基礎となるものです。

古代中国の配置に関するアートである風水は、家の中のバランスと気（エネルギー）を重視したものです。

これらの安らぎの指針とクリスタルを一緒に用いれば、リラックスし、再充電できるすばらしい環境を作ることができます。

風水バグアマップに従って部屋や家に石を置けば、あなたの人生の特定の領域に、さらなるヒーリングとマニフェステーション（現実化）のエネルギーをもたらすことができるでしょう。

風水のバグアマップにおける人生領域についてご紹介します。

左頁の図の下側に部屋の入口や家の玄関があるとして、見てください。

奥
↑

| | | |
|---|---|---|
| 富と繁栄<br>アメジスト | 名声と評判<br>ガーネット | 人間関係と愛情<br>ローズクォーツ |
| 家族<br>グリーンジェイド | 健康と調和<br>シトリン | 創造性と子供<br>クリアクォーツ |
| スキルと知識<br>ラピスラズリ | 仕事と使命<br>ブラックトルマリン | 協力者と旅<br>ムーンストーン |

↓
入口

# 第4章

# クリスタルの浄化＆選び方

私たちは、クリスタルの「所有者」になるのではなく、「保護者」になるのです。

つまり、子どもやペットの保護者とよく似ています。

石と一緒に生活し、眠ったり、癒したり、ワークしたりしていると、私たちは生命感にあふれ、話し好きな石のエネルギーにだんだん気づけるようになります。それは、とても深い直感的なレベルで私たちに話しかけてくる、気の合う友です。感受性の強い人にはその声が聞こえ、理解できるでしょう。

クリスタルの持つパワーを過小評価しないでください。そのことについて、ジュディスは次のように説明しています。

「あるクライアントが**スモーキークォーツ**を家に持って帰るとき、私は、『新しい友人』とワークすると変化のスピードが速くなりますよ、と注意しました。

2週間後、彼女は、自分の生活が仕事から恋愛関係まであらゆる面で変化し始めたと言い、ワクワクと後悔の入り混じったような気持ちで戻ってきたのです。さっそく、彼女と石の間で静かな話し合いを持ってもらい、しばらく石を休ませることに決めました。彼女は、シルクの布に石を包み、戸棚の中にしまって、２週間の間、石との接触を断ったのです。再びそのクリスタルとワークを始めたとき、彼女は変化を受け入れ、人生に統合する方法を身につけていました。そして、すばらしい結果を手に入れました。彼女の夢見ていたビジネスでの成功と新しい恋人が現実のものになったのですから」

## 石の選択は第六感に助けてもらいましょう

保護者の任務は、自分が選んだ鉱物の仲間と友人になりたいと望むところから始まります。そして、石のつながりの求めにいつでも応じようとすることです。

このような気持ちでいれば、クリスタルは、とても驚くようなやり方で、あなたと一緒に生きるためにやってくるでしょう。たとえば、人から贈り物としてもらったり、自分で見つけたり、あるいは気のきいた方法で、クリスタルのほうからあなたを見つけてくれるかもしれません。

シンクロニシティーに導かれて石を手に入れるだけでなく、お店で購入することもできます。クリスタルは、ほとんどの精神世界系ショップ、健康食品店、クリスタル専門店、インテリアショップ、お土産物屋さんなどで売られています。その際には、37ページに書かれている方法を使って、人工的なものではなく、天然石であることを確かめてください。「オーストリア製」「鉛クリスタルガラス」「スワロフスキー」という表示があるものは、装飾品やアクセサリーとしては素敵ですが、クリスタル・セラピーに必要な天性のチャネリング能力には欠けています。

石の選択を第六感に助けてもらいましょう。

石に波長を合わせて、石にあなたを選んでもらうのです。自分を呼んでいる石に対して、まるで自分の魂の家族と再びつながったような親近感がわくかもしれません。選ぶために、たくさんのクリスタルに触れたり、握ったり、眺めたり、耳を傾けたりする必要があるかもしれません。家族の一員になるペットを決めるときのように、じっくり時間をかけてください。

クリスタルを買うときに自分の直感を使う方法について、もう一つ紹介しましょう。

まず、利き手ではないほうの手（鉛筆を握らないほうの手）でクリスタルを持ってください。その手は、とても強いエネルギーの信号を受け取れるからです。そして、両目を閉じて、石のパワーを感じましょう。

次に、それを第三の目（サードアイともいい、両目の間にあるとても敏感な場所）のほうへ向け、その先端を胸のほうへと下げていきます。

もし、そのクリスタルが生き生きしていて、強力なヒーリング・エネルギーと元気なスピリットが宿っているなら、第三の目とハート・チャクラに磁力のほとばしりを感じるでしょう。何も感じなければ、あなたの感受性が一時的に弱っているか、石のエネルギーレベルが低いか、詰まっている、ということです。それを再活性化することはできますが、最初から元気のいいスピリットを持つ石を買ったほうがいいでしょう。

自分の選んだクリスタルが、いちばん透明で、大きく、鮮やかな色あいでなかったとしてもびっくりしないでください。石の美しさは、肉体の目ではすぐにはわからないかもしれません。自分の直感が、ぴったりの石に導いてくれたと信じてください。なぜなら、そのクリスタルの中には、愛にあふれた力強い協力者と、聡明な友人がいるからです。

どんな人間関係にも言えることですが、自分にぴったりのものを見つけたとき、そのことが必ずあなたにはわかるでしょう。

## クリスタルの浄化法

新しい友人を家に連れてきたら、それが以前に吸収した、古くて有害なエネルギーを浄化してあげるのがよいでしょう。

そのプロセスが、あなたがた二人の絆を助け、さらには、あなた個人のエネルギーを石に吹き込むことになります。

浄化には時間がかかるので、いつどのようにクリスタルを浄化するかは、あなた自身が決めてください。でも、石の効力が衰えていたり、疲れたエネルギーを持っていたりすれば、きっとそれに気づくはずです。セラピーで使う鉱物は、個々のクライアントに用いるごとに浄化し、エネルギーの残留物を取り除くことが大切です。

他にもクリスタルを浄化する方法がいくつかあります。

岩塩や天然水（海、池、小川の水など）の中に置く、土の中に埋める、太陽や月の光を浴びせる、石をきれいにするという目的を持って石にヒーリングの息を三度吹きかける、などです（註：**セレナイト**、**デザートローズ**のようなクリスタルは、水に入れると溶けてしまいます。**アメジスト**、**フローライト**は、直射日光に当てると色あせます。浄化の方法を選ぶ前に、それぞれのクリスタルの特性について必ず調べてください）。

## パワーチャージは満月の前夜に

前章でお話ししたように、クリスタルとワークするには、正しい、はっきりした目的を持つことが必要です。ですから、あなたは情報にアクセスしたいのか、ヒーリングの波動を受け取ったり送ったりしたいのか、あるいはアセンデッド・マスターとつながりたいのかを、自分自身に尋ねてください。また、他に何か目的があるのか、尋ねてみましょう。

クリスタルは、エネルギーパターンを方向づけ、増幅し、加速します。それにより、個々のクリスタルが持つ能力とあなたの願望の力を結合し、現実化のプロセスを促します。

自分の目的が明確になったら、瞑想によって石と対話し、自分が望むヒーリングの目的と活動を心に描いてください。あなたが自分の目的をはっきりと表現すれば、クリスタルがそれを自らの本質と存在の中に吸収するにつれて、奇跡が起こるでしょう。このプロセスは、必要に応じて変化させたり、新しいものにできるので安心してください。

クリスタルは、太陽光や月の光の下に置くことで、再び活性化させたり、再充電したりすることができます（例外もあります）。アトランティスやバビロン王国について研究した結果、クリスタルにヒーリングや魔法のエネルギーを充電するのに理想的なのは、満月の前夜であることがわかりました。

## いつでも直感を信じて石を使ってみる

クリスタルは、あなたをぐいっと引っ張るようにして、家やオフィスのどこに置くべきかを導いてくれることでしょう。あるいは、特定の部屋のある場所に置くように、と指示する声が聞こえるかもしれません。

自分の直感を信じてください。直感は、石とあなたをエネルギー的につなげてくれるものです。石は、いちばんあなたの役に立ち、自分が幸せになれる場所を知っています。その場所にしばしば立ち寄って、ほこりを払い、きれいにし、定期的に充電するというような、やさしい愛にあふれたお世話をしてください。

クリスタルを置く場所を見つけたら、小さなベルベットのクッションや透明なアクリル合成樹脂の台にのせて、クリスタルの美しさに対する敬意や賞賛を表すように飾りたいと思うことでしょう。でも、これらの新しい友人は、どこに置いても美しく見えます。ですから、特別な飾り方をしていなくても大丈夫です。

家の中にクリスタルの居場所があっても、旅行に一緒に連れていきたい、と強く感じるかもしれません。クリスタルと一緒に旅をすると、いろいろな恩恵がもたらされます。クリスタルは、ホテルの部屋のエネルギーを、高くきれいな状態に保ってくれます。

出発前に、保護用の布できちんと包んでください。シルク、ベルベット、天然素材のものが好ましいでしょう。アメリカ先住民の文化でよく使われるのは、革素材です。どんな種類のもので包んでほしいか、自分の石に尋ねてもいいでしょう。

ドリーンは頻繁に旅しているので、いつも機内持ち込みの手荷物にクリスタルを入れています。というのは、クリスタルはもろいので、荷物を手荒に扱われると傷つく可能性があるからです。クリスタルは生き物だと考えているので、思いやりを持って扱いたいのです。

ドリーンは言います。

「空港の保安検査場で止められたことは何度もあります。検査官が私の手荷物に入っている細長いクリスタルの棒をスキャンしたからです。

たいていは、純粋にクリスタルに興味を持ったようでした。なかには空港のその場でクリスタル・ヒーリングをしてほしいと頼んだ人までいたんです！ もちろん、私は喜んでその願いを引き受けました」

たとえあなたがクリスタルを注意深く扱い、ていねいに包んでいても、旅行中、あるいは家の中で、石が割れてしまったり、先端が折れてしまったりすることがあるでしょう。それは、自然の成り行きによるものです。その時が来て、割れた石と向かい合ったら、次のようにガイダンスをお願いしてください。

「庭や室内用鉢植えの中に再び埋めるべきですか？

それとも、海や池や小川に返すべきですか？

代わりの石を新たに与えてくれましたか？」

クリスタルのエネルギーの言語に慣れていくにつれて、新しい方向が明らかになるでしょう。でも、いちばん大切なのは、自分の直感とそのガイダンスを信頼することです。

あなたは、特定の人に、自分の石を贈り物としてあげるように、という直感のガイダンスを受け取るかもしれません。そんなときは、そのクリスタルとあなたのワークが完全に終了したということです。そのクリスタルには、別の人を助けるという新しい仕事が割り当てられたのです。ですから、導かれたままに、クリスタルをあげてください。そして、自分はクリスタルとその新しい保護者に偉大な恵みをもたらしていると、心から信じましょう。

次の章からは、クリスタル・セラピーのテクニックについて見ていきましょう。

## 誕生月と石の関係

| 誕生月 | 関係する石 |
|---|---|
| 1月 | ガーネット |
| 2月 | アメジスト |
| 3月 | アクアマリン |
| 4月 | ダイヤモンド |
| 5月 | エメラルド |
| 6月 | パール |
| 7月 | ルビー |
| 8月 | ペリドット |
| 9月 | サファイア |
| 10月 | オパール |
| 11月 | トパーズ |
| 12月 | ターコイズ |

# 第5章

# クリスタルクォーツの特徴＆性質

**クリスタルクォーツ**は、個人的な目的やヒーリングワークのために用いられる、パワフルでワクワクさせてくれる石です。

この自然なエネルギーの導体は、電子機器や時計にいちばん多く使われています。それは、魔術師の笏《しゃく》や魔法使いの杖の虹色に輝く先端部分にもなっています（それが神秘主義と関係する理由でしょう）。

経験豊かなクリスタルヒーラーは、この石のさまざまな特徴に関して、ウィンドー、レコードキーパー、ルチルクォーツのような専門用語を使っています。ここでは、あなたがクリスタルクォーツに対する理解と感謝を深められるように、その専門用語について説明したいと思います。それは、あなたのヒーリングワークを新しいレベルへと高めてくれるはずです。

次の一覧は、専門用語の理解を助け、自分の石が持つ特徴をはっきり見分ける手助けとなるでしょう。

*Bridge*

形状の名前

## ブリッジ

主たる特徴

大きなクリスタルに小さなクリスタルがくっついています。不完全な十字架のようです。

性 質

小さなクリスタルは、内的世界と外的世界の橋渡しをして、知恵のチャンネルを作ります。

*Channeling*
形状の名前

# チャネリング

主たる特徴

石の前面に七角形があり、反対側に完全な三角形があります。

性　質

アセンデッド・マスターや個人のガイドからの知恵の源にアクセスします。さらに、この特徴がコミュニケーションを容易にし、学びを促します。

*Cluster*

形状の名前

# クラスター

主たる特徴

複数のポイント（とがった先端）ないし末端が一つのベース（土台）から出ています。

性　質

グループのエネルギーに効果があります。すばらしいチームワークのための石です。

*Crystal Ball*

形状の名前

# クリスタルボール

## 主たる特徴

人工的に作られた球。天然のクォーツ、あるいは溶解してできたもの（熱を加えて球形にした再構成クリスタル）です。

## 性　質

このおなじみの形は、グループのコミュニケーションを円滑にし、過去を振り返ったり、未来を見通したりするのに役立ちます。

*Double Terminated*

形状の名前

## ダブルターミネーティド

主たる特徴

石の両端にポイント（とがった先端）があります。

性 質

ダブルターミネーティド・クリスタルは、使っている人の内側と外側、両方からのエネルギーの流れを完全に統合します。

*Generator*

形状の名前

## ジェネレータ

主たる特徴

６つの面が、一つのポイント（とがった先端）に集まっています。

性　質

この強力なエネルギー・ツールは、すばらしい瞑想のパートナーで、精神的強さを与えてくれます。

*In and Out*

形状の名前

## インアンドアウト

主たる特徴

小さなクリスタルが、本体のクリスタルの外側や内側へ突き出ています。

性 質

異なるスピリチュアルな次元間の橋渡しをしたり、内なる自己を見つけたりするのに助けが必要なとき、この石を使いましょう。

*Laser Wand*

形状の名前

## レーザーワンド

主たる特徴

細長く、先端にいくほど細くなっています。

性　質

内なる自己との対話を促し、エネルギーの残留物を取り除きます。とてもすばらしいヒーリング・ツールです。

*Left - Handed*

形状の名前

# レフトハンド

主たる特徴

(石に向き合ったとき) 左側に余分な小さな面があります。

性 質

ネガティブなエネルギーを抜き取り、創造力やビジュアライゼーションのような右脳的活動を促します。

*Manifestation*

形状の名前

# マニフェステーション

主たる特徴

大きなクリスタルの中に、小さなクリスタルが完全に閉じ込められています。

性　質

名前が示すとおり、マニフェステーション（現実化）の道具として、目標を実現する助けとなります。

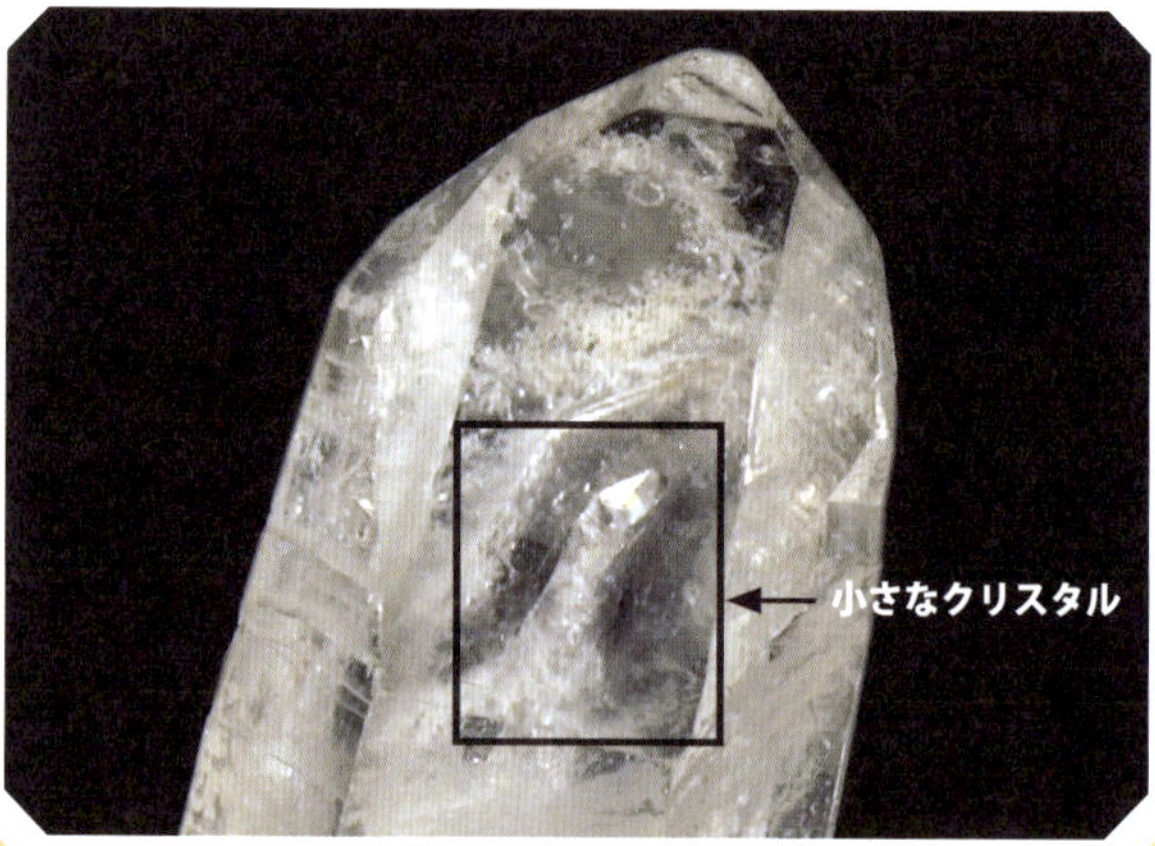

## Phantom

形状の名前

# ファントム

主たる特徴

石の中にピラミッドのような幻影が見えます。それは、しばしば「ゴーストクリスタル」と呼ばれます。

性 質

宇宙的な気づきを強め、過去世のドアを開く助けをします。なぜなら、このクリスタルは、ハイヤーセルフの知恵と結びついているからです。

*Record Keeper*

形状の名前

# レコードキーパー

## 主たる特徴

クリスタルの一面、あるいは複数面に、自然に刻まれた三角形のマークがあります。

## 性　質

古代の知恵にアクセスする道具として使われ、人生で学ぶべきレッスンを理解し、それを受け入れ、古い習慣を手放せるように助けます。

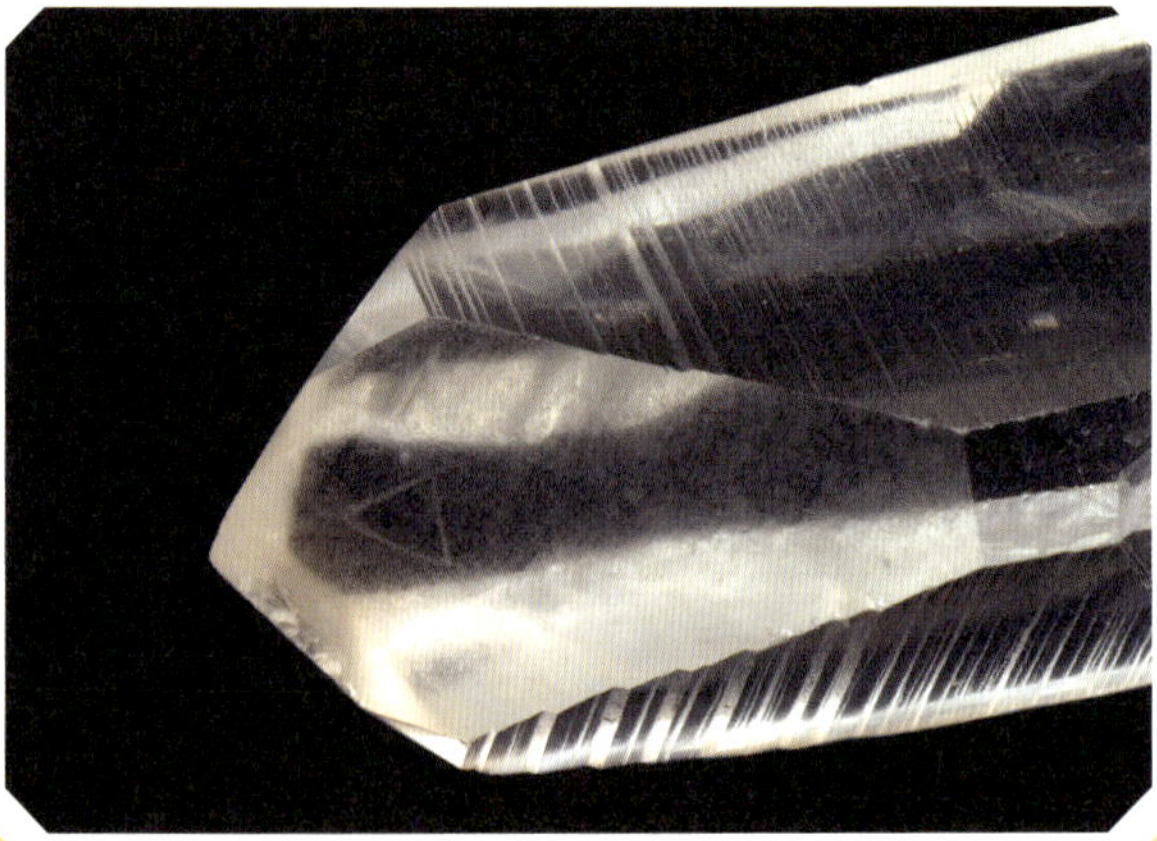

*Right - Handed*

形状の名前

## ライトハンド

主たる特徴

（石に向き合ったとき）クリスタルの右側に余分な小さな面があります。

性　質

分析能力や問題解決能力のような左脳的活動を促します。

*Rutilated quartz(Angel Hair) & Tourmalated quartz*

形状の名前

# ルチルクォーツ（エンジェル・ヘアー）&トルマリンクォーツ

主たる特徴

クォーツの内部に針状の金属含有物が入っています。たいていは黒、赤茶、黄金色の鉱石沈殿物です。

性　質

中に異物が入っていることで、目的への集中を助ける２つのレベルのエネルギーをもたらします。クォーツの現実化の特性が、含有物であるトルマリンのグラウンディングの力と融合して、両方のパワーをさらに強める、というようにです。

Soul mate

形状の名前

## ソウルメイト

**主たる特徴**

ほぼ同じ大きさのよく似た2つのクリスタルが、一つのベース（土台）を共有しています。

**性 質**

このペアのクリスタルは、あなたがソウルメイトやソウルファミリーを見つける助けとなります。

*Time Link*

形状の名前

## タイムリンク

主たる特徴

クリスタルのポイント（とがった先端）近くに平行四辺形のような形をした面（向かい合う辺が平行で、同じ長さの四角形）があります。

性　質

自己のあらゆるレベルにおけるコミュニケーションを促進します。

*Window*

形状の名前

## ウィンドー

主たる特徴

クリスタル上部の正面中央にダイヤモンドの形をした面があります。

性　質

これは内なる真実への窓（ウィンドー）であり、天と地の出会いのシンボルです。

# 第6章

# 願いをかなえる
# クリスタル・グリッド

大きな建物の建築現場を見たことがあるなら、最終的に建造物を支える鋼鉄の枠組みを目にしたことがあるでしょう。それがグリッドです。

同じように、あなたは、自分のあらゆる願いやヒーリングを目的として、その実現を助けるエネルギーのグリッドを作ることができます。

鋼鉄の梁《はり》の代わりに、決められた位置にクリスタルを置くのですが、その結果、それぞれの石からのエネルギーが、パワースポットを形成します。

それは、敏感で波長の合う人には感じられたり、透視できたりすることでしょう。たとえ、そのパワーを見たり感じたりできなくても、これは注目に値すべき結果をもたらす強力なクリスタル・セラピーの方法です。

グリッドは、あなた個人や地球全体のさまざまな理由によって形成されます。この美しい祈りの曼荼羅《まんだら》には、**クォーツポイント**（柱状の先端のとがった石）が最もよく用いられます。

この章では、特定の状況ごとにいくつかの提案をしていますが、さまざまなクリスタルや自分自身のビジョンに従って、怖がらずにさまざま実験してみてください。

グリッドの形成は、料理に似ています。最初はレシピに従っても、やがて自分の舌に合うように材料を変えていくからです。

形が完成したら、そのエネルギーを始動させ、加速させたいという目的を持って瞑想しましょう。それは、あなたの祖先が何代にもわたって行ってきたことなのです。

## 祈りのパワーとエネルギーを高めるグリッド

グリッドは、祈りのパワーとヒーリング・エネルギーを手に入れ、高めるための古来からの方法です。

何世紀もの間、人々は、天の普遍の知恵とつながるために自然と親しく交わってきました。それは、イギリスのストーンヘンジやフランスのカルナックの巨石、エジプトやギリシャ、メキシコ、ハワイ、南米などにある古い寺院やピラミッドのような遺跡からもわかるでしょう。

このような石のグリッドは、目的を持った多くの儀式からの記憶やエネルギーを保持しています。

今日でさえ、古代のストーン・サークルや寺院を歩いていると、強力なエネルギーの流れに囲まれるのを感じるでしょう。これらのパワーは、石の配置によって電磁場が強められたり、過去に行われた個人や集団の平和への祈りの波動がいまだ残っていたりするために起こるのです。

ジュディスは、次のように説明しています。

「私のクライアントの多くが、人生のさまざまな分野でつかみどころのない安らぎの感覚を探し求めています。彼らはよく、ソウルメイトを見つけたいとか、人生の目的を理解したいとか、豊かさを手に入れたいなどという望みを実現するために、クリスタルのエネルギーがどう役立つのかと質問してきます。グリッドを使って鉱物界とパートナーを組むのは、宇宙の流れを理解し、活性化させるための一つの方法です」

クリスタルのグリッドは、石とパターンを用いてエネルギーの流れを促します。それは曼荼羅、ラビリンス、ピラミッドなどで、瞑想に集中するのと似ています。

使う石は、何の加工もしていない天然のものでも、機械で磨いたり、カットしたりしたものでもかまいません。

パターンは、愛を高めるために、寝室の隅に**ローズクォーツ**を4つ置くという単純なものだったり、スピリチュアルなアセンションを促すための複雑な聖なる幾何学模様かもしれないでしょう。

あなたのグリッドが、快眠のような簡単な願いのために作られたものでも、もっと複雑な願いのためのものでも、あなたに明確な目的と信頼と献身がありさえすれば、十分な恩恵を受け取れます。

この方法で鉱物界とつながっているとき、あなたは、思考や願いが実現するためのパワーの統一場を創造するようにお願いしていることになります。なぜなら、特定の形に置かれた石（特にクォーツポイント）は、エネルギーの波動と動きを高めるからです。

さらなる助けとして、天使にもこのプロセスに参加してくれるように頼めます。天使たちは、あなたの目的を純粋なものにし、より高度なレベルへと高めてくれるでしょう。そうすれば、調和のとれた変化やヒーリングへと導かれるに違いありません。

## 目的別グリッドの作り方

まずは、グリッドを作るための9つのステップを紹介します。

### 1 目的を決める

あなたは、どんな目的や意思、望みの実現のためにもグリッドを作ることができます。ですから、最初のステップは、「何のために作るのか」を決めることです。

グリッドはあなたの感情、思考、目的を増幅するので、はっきりした目的を持つことがきわめて大切です。もし、恐れ、疑い、罪悪感、あるいは潜在的に自分の望む結果を妨害するような感情があるなら、大天使ヨフィエルを呼んで、前向きな見方ができるように助けてもらいましょう。

### 2 大きさを決める

どの大きさが適切かを決めるのは、あなた自身です。たとえトレーの上に載る程度の小さなグリッドでも、中央に人が入れるくらい大きなものと同じくらい強力です。

なぜなら、瞑想で石に集中することで、そのエネルギーを十分に広げられるからです。

しかし、その波動を感じられるように、大きなグリッドを作って、その中に座るのがいちばん効果的なこともあります。

## 3 場所を見つける

グリッドを作るべき場所がはっきりしている場合もあれば（快眠を望むなら寝室に作るなど）、都合のよい場所であることが決定理由になる場合もあります。

たとえば、自分が瞑想を行う場所にグリッドを作れば、他人にあなたのクリスタルを動かされる心配もなく、あなたが集中しているときに邪魔されることもないでしょう。

あるいは、祖先たちのように、屋外に作ることもできます。

## 4 風水を利用する

グリッドの目的をいっそう明確にしたいときには、場所を決める際に風水のバグアマップを使ってください。

たとえば、愛情面を高めたいのなら、寝室の人間関係のエリアにグリッドを作り、つねにそこで瞑想してください。結果は驚くものになるでしょう！

バグアマップについての詳しい説明は、本書75ページにあります。

## 5 スペースをきれいにする

グリッドを作る目的、大きさ、場所が決まったら、その場所を浄化し、エネルギーを高める必要があります。

部屋でセージの葉をたく、岩塩が入ったお皿を置く、大天使ミカエルを呼ぶ、ベルを鳴らすなど、どんな空間浄化の方法でも効き目があるでしょう。

## 6 雰囲気作りをする

音楽、ろうそく、お香のようなものを使って、あなたの決めた聖なる場所に、落ち着きや安らぎをもたらしましょう。

## 7　クリスタルを置く

この章で紹介したもの、あるいは、自分の得たガイダンスに従って、選んだ場所にクリスタルを置いてください。
**クォーツポイント**を使うなら、エネルギーの流れを高めるために、すべての石を同じ方向へ向けましょう。つまり、外側へエネルギーを送るためには、先端を右側に向け、エネルギーを受け取るためには、先端を左側に向けます。自分の内なるガイダンスに従っている限り間違いはないので、心配はいりません。

## 8　瞑想して、グリッドにパワーを与える

クリスタルの横、あるいはグリッドの中心に静かに座り、あなたの周囲にある一つひとつの石をつなげているエネルギーを思い描きましょう。

エネルギーの線や形や色がたくさん見えたり、天界の音楽やブンブンいう音が聞こえたりするかもしれません。それはすべて、パワーが集中しているために起こることです。

## 9 耳を傾ける

心を静めるために、自分の呼吸に集中しましょう。そして、自分にやってくるアイディア、ビジョン、言葉、感覚に注意を向けてください。

気を散らすような思考や心配は天使にゆだねましょう。そうすれば、自分の望みがすでに実現した様子を思い描くことができ、それに対して感謝の念が湧いてきます。たえず流れてくる豊かさに対して宇宙に感謝し、あなたが心を開いて、それを受け取れるように、天使に助けをお願いしましょう。そして、このあとのページで紹介するようなポジティブなアファメーションを言って、瞑想を終えてください。


クリスタルのグリッドを作って、それを使うたびに、そのエネルギーやパワーに対する気づきがだんだん高まっていきます。ですから、くつろいで、ただ楽しんでください！

あなたが始めやすいように、リクエストの多い分野で一般的なクリスタルの組み合わせと、夢の実現を助けるアファメーションの言葉を紹介しましょう。

## 豊かさのグリッド

**クリスタル**：クリアクォーツポイント8個と、ジェイドかシトリンを3個
**レイアウト**：クリアクォーツポイントでサークルを作り、その中央にジェイドあるいはシトリンで三角形の形を作ります。このパターンは、家や職場で風水バグアマップの「富と繁栄」の場所に置くと、いちばん効果的です。
**アファメーション**：あらゆる形の豊かさが、今、神の恵みとともに私のほうへと流れています。

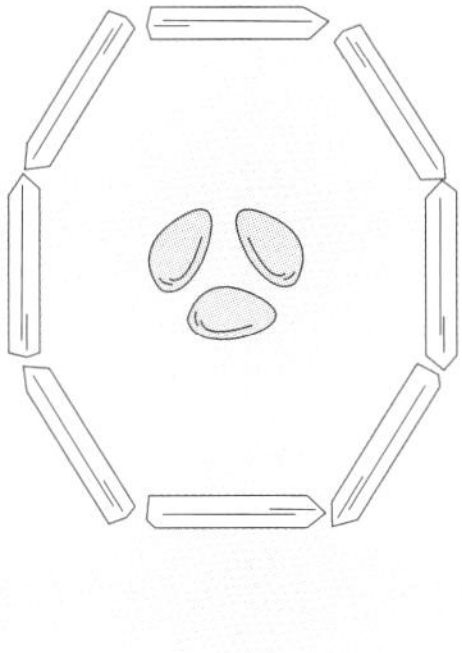

## 天使との対話のグリッド

**クリスタル**：クリアクォーツポイント9個と、エンジェライトかセレスタイトを2個
**レイアウト**：9個のクォーツを使って正三角形を作り、エンジェライトあるいはセレスタイトをお互い触れ合うようにして、中央に置きます。これは、風水バグアマップで家の「協力者」の場所に置くと効果があります。
**アファメーション**：私は今、天使から知恵、洞察、保護を十分に受け取っています。

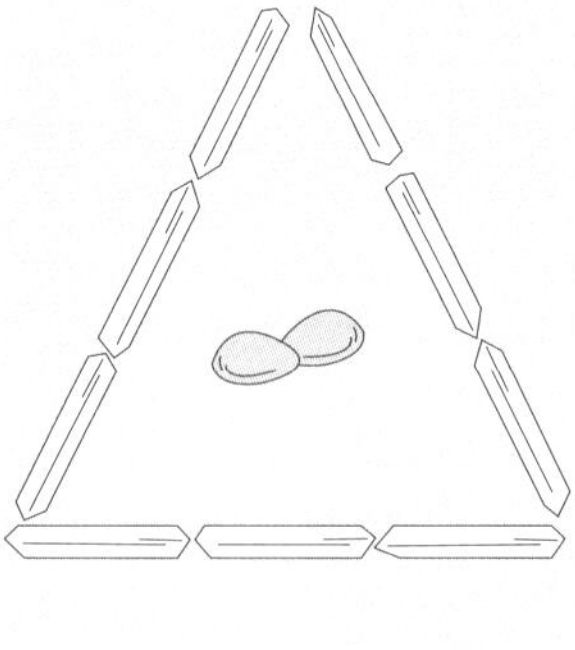

## 創造性のグリッド

**クリスタル**：クリアクォーツポイント7個と、カーネリアン11個
**レイアウト**：石を交互に使い、渦巻きを作ります。ただし、下記のイラストは一例にすぎません。このグリッドで大切なのは、「この箇所でカーネリアンを2個、あるいは3個使おう」などというように、自分の創造性を自由に表現することです。このグリッドは、思考を現実の形にする助けとなり、家やスタジオやオフィスの風水バグアマップの「創造性」の場所に作るとすばらしい効果があります。
**アファメーション**：今、自分の中で創造的なスピリットを感じ、それを表現します。

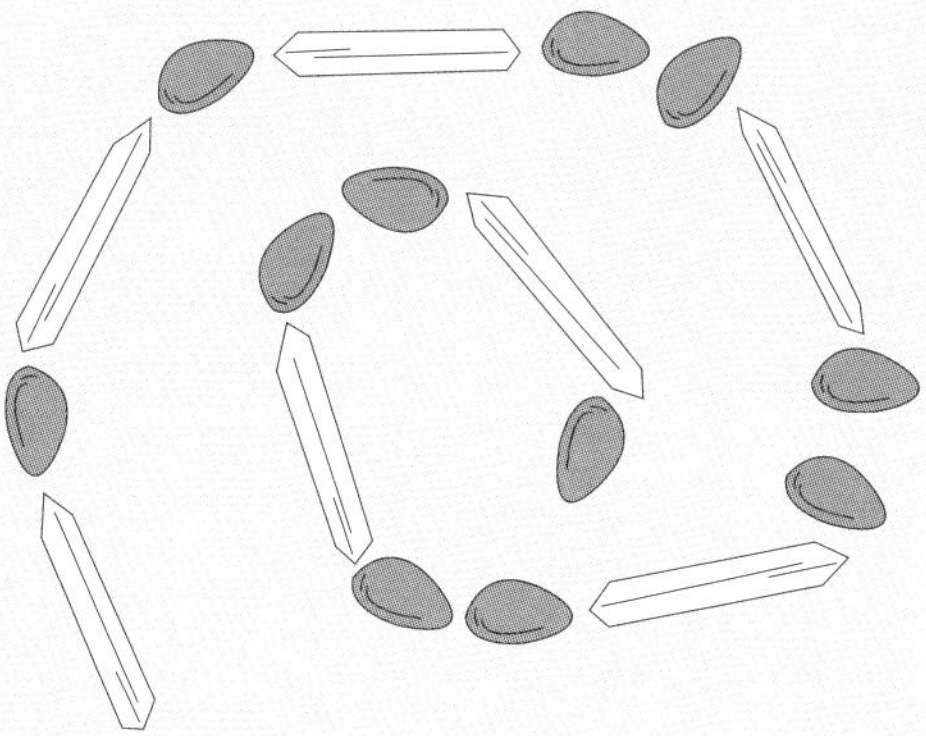

## 許しのグリッド

**クリスタル**：ローズクォーツ8個、アベンチュリン4個、ムーンストーン2個、ヘマタイト2個
**レイアウト**：二重のサークルを作ります。外側はローズクォーツで、内側にはアベンチュリンとムーンストーンを使います。中央にヘマタイトを置いてください。これは、風水バグアマップで「スキルと知識」の場所に置くと非常に役に立ちます。
**アファメーション**：天の無条件の愛が、今、愛と思いやりと理解で私を満たしています。

## ハーモニーのグリッド

**クリスタル**：ローズクォーツ6個と、アメジストポイント12個
**レイアウト**：石を交互に使い、ハートの形を作ります。これは、バグアマップのどの場所に置いても、平和、安らぎ、無条件の愛の感覚を高めてくれるでしょう。
**アファメーション**：私の人生は、神の秩序のもとにあります。私は今、宇宙と調和しています。

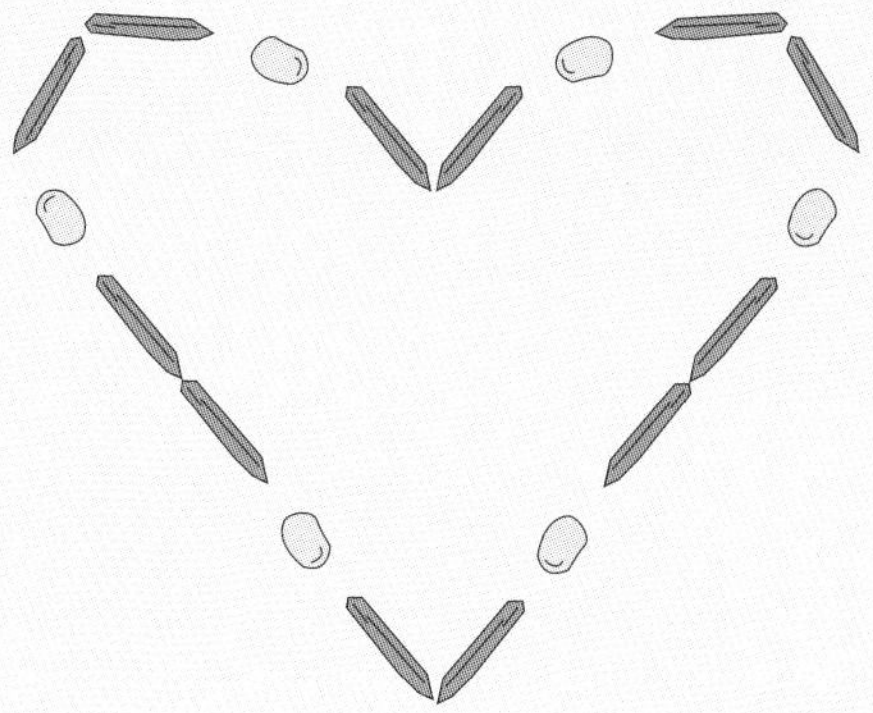

## 健康とヒーリングのグリッド

**クリスタル**：ローズクォーツあるいはムーンストーンが11個、マラカイト11個、ターコイズ11個
**レイアウト**：互いに重なり合うような3つのサークルを作ります。それは、心、体、スピリットを表現しています。このデザインは、体のシステムでプラスのエネルギーの流れを活性化するので、風水バグアマップの「健康」の場所にぴったりです。
**アファメーション**：私は、丈夫で、申し分のない健康を喜び、楽しんでいます。

## 人生の目的・キャリアのグリッド

**クリスタル**：クォーツクラスター1個、ブラックトルマリン12個、シトリン12個
**レイアウト**：トルマリンとシトリンを交互に使い、二重のひし形を作り、中央にクォーツポイントを置いてください。自分の人生の使命に対する気づきと受容を促すために、オフィスか家の風水バグアマップの「仕事と使命」の場所にこのグリッドを置いて、コミュニティからのサポートをお願いしましょう。
**アファメーション**：私は今、自分の聖なる目的を知り、受け入れ、それに従って行動しています。

## 愛・ロマンスのグリッド

**クリスタル**：クォーツポイント12個、ローズクォーツ10個、ハート形のローズクォーツ1個
**レイアウト**：数字の8の字形（無限を表すシンボルです）を作り、男性エネルギーと女性エネルギー（これらのエネルギーは、同性の人間関係にも存在します）の結合を表すためにローズクォーツとクォーツポイントを交互にします。二つの魂が結合した一つの愛の象徴として、数字の8の中心にローズクォーツを置いてください。この配置は、家の「人間関係」の場所か寝室にぴったりです。
**アファメーション**：私は今、あらゆるレベルで、完全に愛と一つになっています。

## 保護のグリッド

**クリスタル**：クォーツポイント5個、ブラックオブシディアンかレインボーオブシディアンを12個
**レイアウト**：オブシディアンを使って正方形を作り、その中央に星形を作るようにクォーツポイントを置いてください。このグリッドは、風水バグアマップで、あなたが気になる分野の場所に置くとよいでしょう（たとえば、経済的な保護のためなら、家の「富・繁栄」の場所に置いてください）。
**アファメーション**：私は恐れを手放します。今もこれからもずっと、天に愛され、守られていると知っています。

## 眠りのグリッド

**クリスタル**：ローズクォーツ4個、レインボーオブシディアンかヘマタイトを1個
**レイアウト**：寝室のそれぞれの隅にローズクォーツを一つずつ置き、ベッドの下にオブシディアンあるいはヘマタイトを置いてください。愛と安全の空気を生み出し、あなたの眠りを改善してくれるでしょう。
**アファメーション**：私は愛されていて、守られています。くつろいで、眠っても大丈夫です。

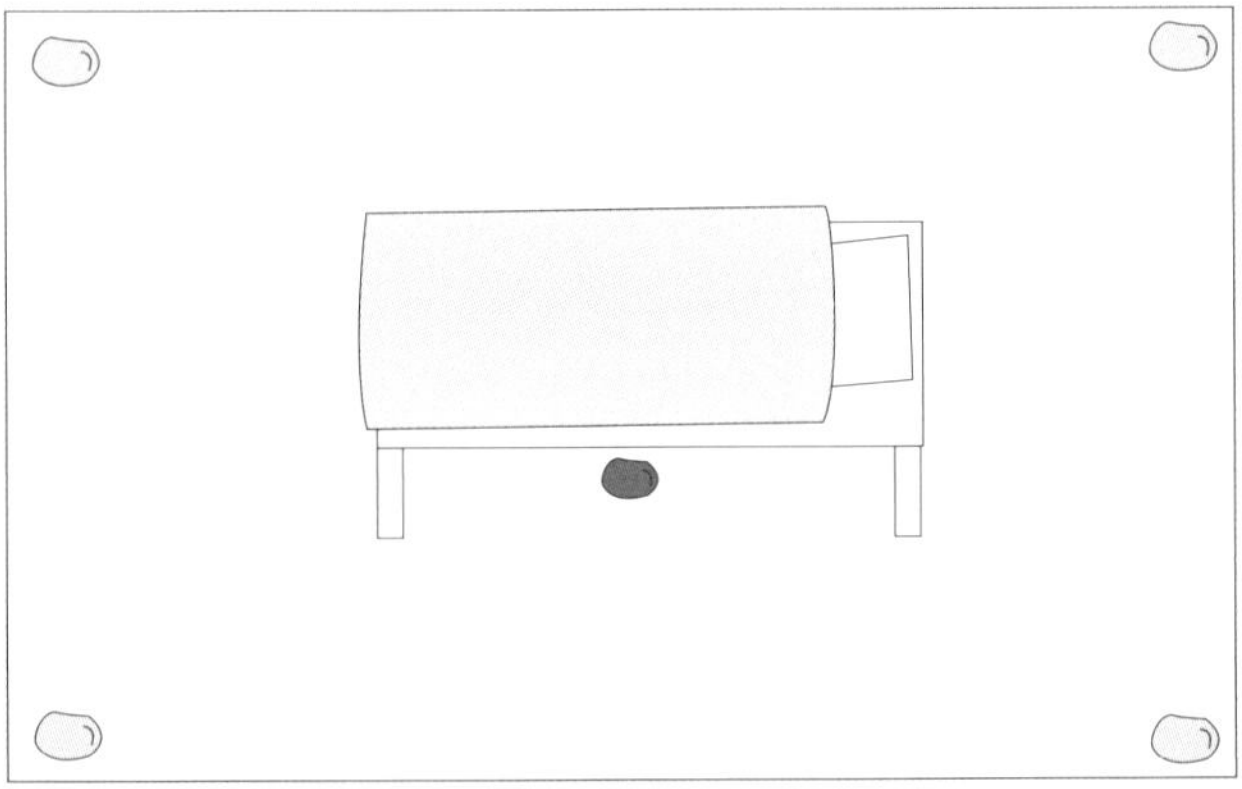

## 世界平和のグリッド

**クリスタル**：クォーツポイント24個、アズロマラカイトの球体を1個（球体でない石でもよいでしょう）。
**レイアウト**：12個のクォーツポイントでサークルを作り、中央にアズロマラカイトの球体を置いてください。そして、それぞれが3個のクォーツポイントからなる4本の線を加えます。それは、東西南北の方向を示しています。このグリッドを、風水バグアマップの「スキルと知識」の場所に置くと、信じる気持ちと内なる平和を高めてくれるでしょう。
**アファメーション**：世界は今、完璧な神の調和の中にあります。

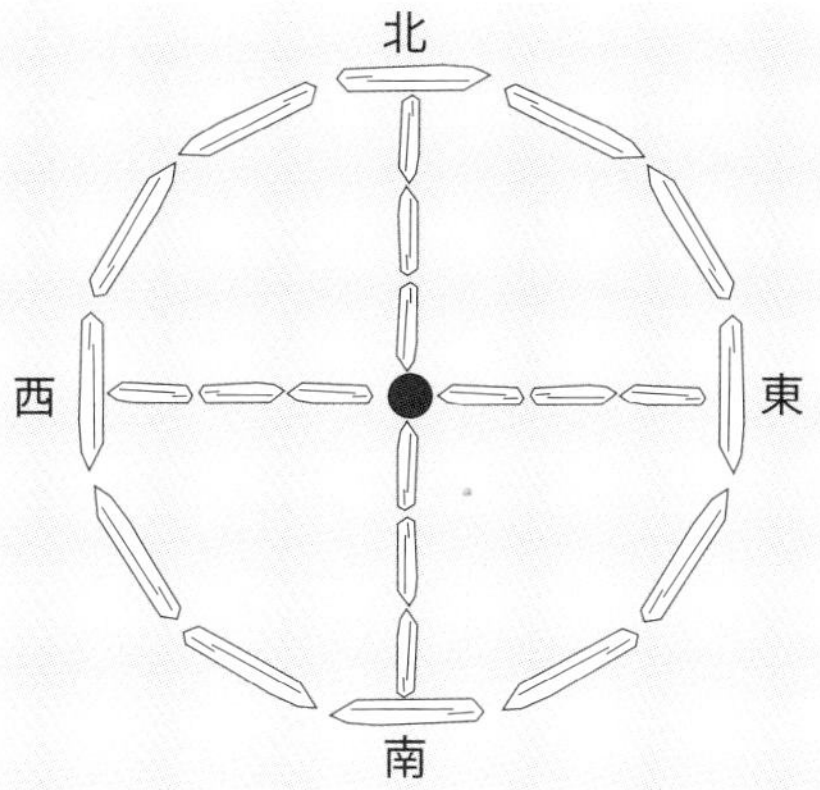

# 第7章

# クリスタルからのメッセージ

クリスタルにはそれぞれ、身体的な健康や感情的なサポートなど、ヒーリングに関する特定の目的と専門性があります。その色、形、特徴などによって、人生のどの分野にいちばん役に立つのかが決定されます。

この章では、主なクリスタルについて説明しています。どのクリスタルも、容易に入手でき、簡単に見つけられるものばかりです。いずれも、ヒーリングワークにおいて強力な味方となってくれるでしょう。

それぞれの鉱物の持つヒーリング特性、その石とワークするときに呼び出す大天使（導きを感じたら、他の天使やアセンデッド・マスターもいつでも呼び出せることを忘れないでください）、そして、クリスタルから伝えられたメッセージ（そのメッセージはすべて愛と敬意と高潔さとともに与えられ、受け取られました）を紹介しています。

クリスタルとそのメッセージが、あなたの旅を助けてくれますように！

Agate

石の名称

## アゲート（めのう）

● 大天使 ●　ミカエルとラジエル
● 色 ●　茶色、青、緑、オレンジ色、赤、白の組み合わせ
● ヒーリング特性 ●　心と体を強くし、真実を見分ける助けをします。チャクラの色と関連づけて使うと、強力なヒーリング効果を持つ石です。それぞれのチャクラの色に対応する色のアゲートを選んでください（ルート・チャクラには赤、セイクラル・チャクラにはオレンジ、ソーラープレクサス・チャクラには黄色、ハート・チャクラには緑、スロート・チャクラには淡い青、サードアイ・チャクラには濃い青、イヤー・チャクラにはバイオレット、クラウン・チャ

クラにはパープル、というようにです）。

アゲートの種類

### メッセージ

太古の時代の川が、私の模様の中を流れています。私の体の中で、影法師が渦巻くように踊り、楽しそうにさまざまな色を混ぜ合わせています。まるで、風にたなびくリボンをとらえて、果てしない空にフレームを作ろうとしているかのようです。

太古の私の領域に入ってくる人たちは、知恵や自信や明晰さを見つけるでしょう。私たちに助けを頼んでください。そうすれば間違いなく、私たちの一人が援助の手を差し伸べるでしょう。私の一族には、たくさんの仲間がいて、それぞれがユニークで、大地のパワーと強さを備えています。これらのメンバーは、あなたの家族と同じように、自らの経験や理解を通してより豊かになった物の見方を語ってくれるでしょう。

時間をとって、思いやりの目を持ち、自分の人間関係を見つめてください。そして、相手にその人の歴史を話してほしいとお願いしましょう。心を開いて学んでください。

## ブルーレースアゲート

大天使　ラギュエル
色　空色と白の模様で、金線細工を連想させます。
ヒーリング特性　落ち着きをもたらし、自分についての理解を深めて、ストレスがあるときでも心の平静を保てるように助けます。
メッセージ
私は、落ち着きを与え、繊細な人たちのための緩衝器として働きます。日々の行動から生じる混乱を寄せつけず、自分の中に平和な環境を作れるように助けます。

## ボツワナアゲート

大天使　ラギュエルとチャミュエル
色　薄い青と灰色の渦巻き
ヒーリング特性　青と灰色の穏やかな動きが、あなたの神経を落ち着かせ、ふさいだ気持ちを改善し、奉仕へと集中させます。

Agate

# クレージーレースアゲート

**メッセージ**
あなたの気づきが大きくなるにつれて、世界は大きさも、美しさも拡大します。私は、あなたが憂鬱や絶望感という重荷を手放せるように助けます。そうすれば、悲しみの瞬間でも未来を思い描くことができるでしょう。信じてください、宇宙は愛と調和をベースに作られた喜びあふれる場所なのです。

**大天使**
アリエル
**色**
さまざまな色のレース模様
**ヒーリング特性**
母なる大地と再びつなげてくれるすばらしい道具です。複数の優先事項を考慮しなければいけないとき、この石が「しっかりと地に足の着いた感覚」を与えてくれます。

●メッセージ●
大地の色と融合することで、私は、物質世界について調和のとれた理解をもたらします。それは、地に足が着いていないと感じている人に、体との調和を促します。私とともに座り、瞑想をして、自分は完全であり、健康だという感覚を再び手に入れてください。

## ファイアーアゲート

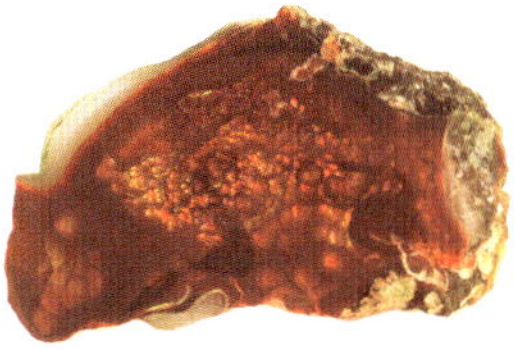

●大天使●
ミカエルとラジエル
●色●
光沢がある鮮やかな玉虫色で、オレンジ色、赤、茶色が際立っています。
●ヒーリング特性●
占星術師の石です。さらに、安全や保護の感覚を心に浸透させてくれます。
●メッセージ●
私を使って、信頼と安全の感覚を解放してください。占星術のように、火、水、空気、土の４つの元素が知識の輪の中で結合すると、世の中のすべてのことがうまくいきます。

Agate

## グリーンモスアゲート

**大天使** ラファエル、アリエル、ウリエル
**色** 透明または半透明で、苔のような緑色を帯びています。
**ヒーリング特性** 自然の化身のシンボルで、エレメンタル界の存在のすばらしいパートナーです。この石を手に持つと、ただちに母なる大地とつなげてくれるでしょう。
**メッセージ** 私をじっとのぞき込み、自然とのつながりを新たにしてください。なぜなら、私は、森を歩きながら孤独の中で感じられる心身の爽快さを表しているからです。いかなるときも平和な気持ちで、母なる大地の中心を感じ、その静かなパワーを自分の人生にもたらすことができるように、私に触れてください。

Amber

石の名称

# アンバー（琥珀）

大天使　アリエルとエレミエル
色　茶色と黄色の半透明
ヒーリング特性　古代のマニフェステーション（現実化）の道具で、目的に集中してこの石を使うと、その実現を助けてくれます。

メッセージ
私は、世界最古の装飾品の一つです。人間の目は、私の輝きやなめらかさに引き寄せられます。私はよく、世界中を旅する人々の交易に使われ、その人々の収入源になるとともに、心を落ち着けるエネルギーを提供してきました。
化石化した樹脂なので、植物界からの芳香の名残を感じさせ、植物界と動物界と鉱物界の融合を表す昆虫や樹皮などを含んでいるときもあります。私は、自然環境を尊ぶことの大切さをこの世で現し、それを思い出させるものです。アクセサリーに最適で、陰と陽のエネルギーのバランスをとるでしょう。

Amethyst

石の名称

# アメジスト（紫水晶）

大天使　ミカエル
色　ラベンダー色～深い紫色
ヒーリング特性　心を静め、保護してくれるすばらしい瞑想の道具で、スピリチュアルな能力の発達を促します。

メッセージ

私の波動を足がかりにして、神とつながってください。気づきを高めることで、心の中のおしゃべりを静め、あなたがすべての物と一つであるという安らぎを理解できるようにします。成長することに興味があるなら、チャクラが開くのを助け、直感を鍛えましょう。そうすれば、宇宙の知恵を受け取って統合し、現在の限界を超越できるでしょう。

自己へのカギとして、私は、個性のうしろに隠れがちな完璧さを解き放ち、あなたの魂の輝く知性が現れるようにします。今この瞬間、天国はここに存在しうるという気づきをもたらすために、あなたという存在のポジティブな面を引き立たせます。

Angelite

石の名称

# エンジェライト

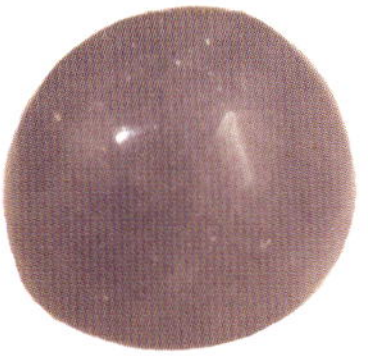

**大天使**　ハニエルとラギュエル
**色**　やわらかな空色
**ヒーリング特性**　穏やかなエネルギーで恐れを取り除き、信じる心や平静さを強めます。アストラル界への旅や天使との対話に最適の石です。

**メッセージ**

親愛なる人々よ、私を天の声として聞いてください。私の波動によって、祈りは天使のもとへと運ばれるでしょう。そこには愛、完全なもの、安らぎしかありません。私は、希望の守護者、光のメッセンジャー、教師、友人として、あなたとともにいます。つねに助けがもたらされ、あなたが自分で選択しない限り、別離など存在しません。もし何かが足りないと感じているなら、自分の心にどんな信念が潜んでいるか調べてみてください。私とともに瞑想して、心を静めましょう。そうすれば、知恵の恵みを受け取ることができます。天使は、やさしく囁いています。それに耳を傾けますか？　それとも、その声が無視できないほど大きくなるまで待ちますか？

Apophyllite

石の名称

# アポフィライト

●大天使● ラジエルとハニエル
●色● 透明、緑、桃色、白色。ピラミッド形
●ヒーリング特性● クレアボイアンス能力を高め、体外離脱体験を助けます。すばらしい瞑想の石でもあり、天使のエネルギーと結びつけてくれ、あなたが自分の夢を覚えていられるように助けます。
●メッセージ●
私は異なる次元間を移行する魔法使いです。旅のために準備された私の波動の部屋に入ってください。あなたが肉体を離れて、新しい次元を訪れられるように、私が安全にエスコートします。物質的形態にとらわれるのはやめて、意識を繊細なエネルギーの伝達へと向けましょう。手のひらの中央に置いた私の波動の強さを感じてください。そして、肉体の領域から自由になり、完全なる気づきを得たと想像しましょう。同時に2か所に存在したり、アストラル界へ旅することなどが可能なのをあなたに示しましょう。

Aquamarine

石の名称

# アクアマリン

・大天使・ アリエルとラギュエル
・色・ 半透明で、海の泡のような淡い緑色～淡い青色
・ヒーリング特性・ 感情体、精神体、肉体のバランスを整える働きをします。宇宙の真実に気づかせ、それと一つにしてくれます。
・メッセージ・
私は、環境をきれいにするために、あなたとつながります。人生という海水を純粋に保つという共通した目的に献身と情熱があるからです。私と一緒にオーラをきれいにし、肉体、感情体、精神体、エーテル体をシンクロさせましょう。私はあなたに落ち着きを与え、磨かれたユーモアのセンスや気質の中で妖精たちを遊ばせます。私を胸の近くにつけて、海を感じてください。子どものように無邪気に喜び、イルカのダンスを思い出しましょう。心配事は緑と青の海へと捨て、恐れや不安は海の女神に手渡しましょう。そして、これまで信じてきたことを、幸せに満ちた知識と信頼に置きかえてください。

石の名称

# アベンチュリン

Aventurine

**大天使** ヨフィエルとラギュエル
**色** やわらかな青、茶色、緑、桃色、赤
**ヒーリング特性** 心の苦しみを癒し、あなたの中にある陰と陽のエネルギーのバランスを促します。
**メッセージ**
豊かさと繁栄の中にいることを学びたければ、私を使ってください。あなたはいつも進んで与えようとしていますが、受け取る機会がやってくると無意識に断ってしまうのです。
豊かさを受け入れることは、自然の流れに乗るために不可欠です。男性エネルギー（与えること）と女性エネルギー（受け取ること）は等しく重要なものです。昼と夜のバランスが維持されているように、陰と陽もそうなっています。与えることも受け取ることも、あなたの日々の実践の一部でなければいけません。それが、あなたの家族や友人と健全な人間関係を保つための基礎であり、宇宙にあなたの面倒を見てもらうために必要なのです。

Azurite

石の名称

# アズライト

大天使　ハニエル、ラジエル、ザドキエル
色　鮮やかな濃い青
ヒーリング特性　変容の石で、創造性、直感、インスピレーションとつながっていて、幻想を取り除きます。

メッセージ
私の真夜中のような深く濃い色合いが人々の心を魅了し、その模様には賢人の助言が今も変わらず存在しています。私は神の女性的側面である深い直感的洞察と知恵をもたらします。私とともにいると、強力で確かな真実が語られるでしょう。私は偽りには我慢できないので、もはやあなたには役に立たないものに光を当てます。あなたが幻影を打ち破り、自らの本質へと進む準備ができたとき、はじめて私を招き入れてください。あなたは差し出された変容の機会を受け入れますか？　前に進み、自分の才能を分かち合いますか？　今、世界中があなたのヒーリングの恵みを必要としています。

Azurite & Malachite

石の名称

# アズロマラカイト

大天使　アリエル、ラギュエル、ラファエル、ザドキエル
色　濃い青と緑
ヒーリング特性　アズライトとマラカイト、これら2つの石の強力な特性が混ざり合って、ストレスを軽減し、あなたが個人的パワーを受け入れられるように働く、新しいエネルギーを作り出します。
メッセージ
私たちはともに大地から生まれ、石という永遠の合体の中で結びついています。この石は、天の考えを表し、2つの石それぞれのヒーリング能力と恵みを併せもっています。
私たちは、世界の資源を窒息させ、すべての存在の健康を脅かしている環境汚染を取り除く必要性について気づかせます。

そして、自らが活性化するエネルギーを平和的に現実化できるよう助ける準備ができています。ですから、変化の必要性についてあなたが心から話そうとするとき、私たちを一緒に連れていってください。

私たちの住みかを敬ってください。それは、あなたという存在を慈しんでくれます。ですから、乱暴な行為や思考はやめて、自分の環境をやさしく清めましょう。個人レベルでは、自分の家から化学製品を取り除き、コミュニティ・レベルでは、産業、近隣、公園、水の供給源をきれいにしてください。命のサイクルが絶えることのないように、一日をシンプルにして、リサイクルし、水の再生利用をし、母なる大地があなたを敬っているように、あなたも敬いましょう。

あなたの思考はクリアですか？　それとも忙しさが生み出す過度な刺激でごちゃごちゃですか？　心を静めて、スピリットに自分自身をゆだねてください。そうすれば、雨が降って大地が落ち着くように、あなたもさわやかな気持ちで目覚められるでしょう。

Calcite

石の名称

# カルサイト

大天使
アリエル、アズラエル、ハニエル、ミカエル、ラギュエル、ラファエル、ラジエル、サンダルフォン、ウリエル

色
クリーム色、オレンジ色、青、緑、はちみつ色、茶色、ピンク色、灰色。やわらかな蝋のような外見をしています。

ヒーリング特性
穏やかな強さで、肉体、精神体、感情体、スピリチュアル体の基本構造へエネルギーを与えます。オーラのバランスを整える助けもします。

メッセージ
私たちは、人間の家族のように、いろいろな色が結びついた一つの家族です。一見すると、一つひとつ異なりますが、じっと見直すとよく似ています。
私たちは自分の中に存在の歴史を保持しています。地球のゆりかごの中で水と空気によって形作られ、感情を明るみに出します。今日、私たちは兄弟姉妹として信頼と思いやりを持ち、あなたを探求の旅へと誘います。あなたの魅惑的な本質を明らかにするために、何層にもなった感情的な堆積物をはぎ取りましょう。

カルサイトの種類

## ブルーカルサイト

大天使　ヨフィエル、ラギュエル、ラファエル
ヒーリング特性　関節痛をやわらげ、痛みの根本的原因を明らかにします。
メッセージ
疲れや緊張感や病気がある部分について話してください。そうすれば、私はあなたの体にたまっているネガティブなものを追い出すように、一緒にワークします。静かな瞑想の中で私と旅してください。あなたの苦痛の核心を明らかにして、最高の幸せに役立たないものをすべて認め、手放せるように助けましょう。

## ブラウンカルサイト

大天使　ラギュエルとウリエル
ヒーリング特性　優先事項が対立しているときに、安定装置として働きます。親やビジネスをしている人に最適の石です。
メッセージ
しっかりと地に足を着け、安定させることが私からの贈り物です。
活動に拍車がかかり、負担が重すぎるようになったら、私を呼んでください。あなたがきちんと判断して、優先順位を決められるように助けましょう。

## クリーミーカルサイト

大天使　アズラエル、ハニエル、ラジエル
色　やわらかい黄色みがかった白
ヒーリング特性　感情のバランスを整える石として、陽気で安らいだ感覚を与え、アストラル界への旅を助けます。

メッセージ
あなたがシンクロニシティの中で行動し、時間や気づきの別の空間へと軽やかに旅しているとき、私が魂の重荷をおろしてあげます。
私を手に持って、天空へと飛んでください。そうすれば、あらゆる面で自分自身を発見できるでしょう。

## グレイカルサイト

大天使 ミカエル
ヒーリング特性 個人のパワーに注意を集中させて、意思決定のためのクリアな思考を生み出します。
メッセージ
私は、この変化の時代にあなたを支え、決断へと導き、自分のパワーを取り戻せるよう助けます。あなたの盾となり、あなたを守れるように私をそばに置いてください。
そして、自分は神の子であり、完全で愛されていることに気づきましょう。

Calcite

## グリーンカルサイト

**大天使**　ラファエル
**ヒーリング特性**　体のためのすばらしいヒーリング・ストーンで、くつろぎや調和の中で、神のエネルギーを人生にもたらします。
**メッセージ**
私たちがスピリットで結びついているとき、私の中で生命力が動いているのを感じてください。心を休めて、内側のおしゃべりの声から自由になりましょう。その声が持つネガティブなものは、信頼できません。あなたは、「宇宙が富にあふれており、自分は安全で、守られ、愛されている」という真実を知っているはずです。

## ハニーカルサイト

**大天使**　アリエルとラファエル
**色**　薄い茶色

**ヒーリング特性** 有害なものを取り除き、あなたの体が最も健康な状態になるよう調整します。

**メッセージ**
私がお手伝いするので、周囲にある毒素を減らしてください。厳しい目で周囲を見回し、あらゆる領域で健康によくないものを取り除くことから始めましょう。宇宙の法則は空っぽの状態を嫌うので、あなたは適切なものを受け取るためのスペースを作っているのです。自分の心を新しい幸福へ開いているのだと信じてください。

## オレンジカルサイト

**大天使** サンダルフォン

**ヒーリング特性** 創造的表現の新たな気づきや理解をもたらし、自分の能力を受け入れることの大切さを思い出させます。

**メッセージ**
私と一緒に遊びましょう。単純なことにただ夢中になっていた日々を

Calcite

思い出してください。蝶がさなぎから出てくるのを見たり、川で石投げしたときのさざ波や、空を漂う雲を楽しんでいたりしたときの喜びのようなものです。あなたは完全に魅了され、畏敬の念さえ抱いていたはずです。私を握り締め、無邪気な目でもう一度見てみてください。あなたのすばらしい表現が現れてくるでしょう。文章を描いたり、絵を書いたり、歌ったり、作曲したり、笑ったり、遊んだりして、自分の中にある神を表現してください。

## ピンクカルサイト

大天使
アリエルとヨフィエル
ヒーリング特性
ハート・チャクラをきれいにし、再びバランスをとります。そうすると自分への愛が高まり、思いやりの能力が高まります。
メッセージ
自分にやさしくし、心の浄化のための静かな時間をつくりましょう。なぜなら、自分を愛すれば、他人ももっと愛せるからです。
自分の幸せをはぐくみ、惜しみなく与えてください。すると今度は、自分を愛して癒すことを他人にも教えられるでしょう。

Carnelian

石の名称

# カーネリアン

大天使　ガブリエル
色　半透明のオレンジ色
ヒーリング特性　心の集中と創造的インスピレーションの間のバランスをとり、あなたのビジョンを実現します。したがって、創造的な人が身につける石として理想的です。

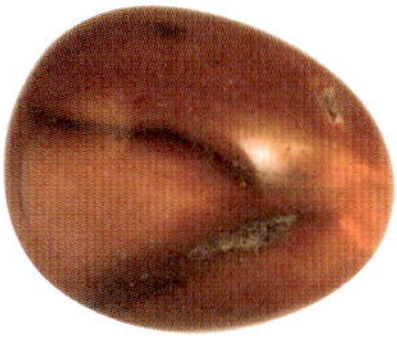

メッセージ

私はアーティストの石で、言葉や行動を通して、魂のこもった表現をします。ダンサーを激しい動きへと駆り立て、デザイナーには情熱を与えます。創造性が輝く方法で、人生に新しい次元の深みを加えましょう。そして、あなたのビジョンを支持してくれる人や経験を引き寄せましょう。芸術の分野にいる人は、私を誇らしげに身につけ、セイクラル・チャクラとのつながりを示します。創造性のパワーはあなたの生まれながらの権利です。ですから、無条件の愛、明確な目的、豊かさ、完璧な健康にあふれる人生を選択しましょう。

# Celestite

石の名称

# セレスタイト

大天使　ガブリエルとラギュエル
色　半透明の青
ヒーリング特性　より高い意識レベルへ進化するように助け、個人の真実について気づけるようにします。
さらに、天使とつながるためのコミュニケーション・ツールとなります。
メッセージ
天使のメッセンジャーとして、私は、この次元で祈りの波動を伝えます。次元の間を移動しながら、意識レベルを統合して、天の恵みの領域へと次元上昇する助けをします。
私は、天使が今ここにいることを受け入れている人とともにいて、本能的に理解している人に意識的な手ほどきをします。神との対話は生まれながらに持つ権利で、直感や天使のガイダンスは誰にでも利用できるものなのです。大切なのは、神や天使とのつながりを表すかすかなサインに、しっかり注意を向けるという選択をすることです。

私は、個人にとっての真実の石です。

瞑想中に私とワークすれば、ドアが開かれるでしょう。

あなたは、自らのハイヤーセルフの本質を見つけ、自分の持つあらゆる能力を引き出す方法を学べます。

石の名称

# Charoite

## チャロアイト

**大天使**　ハニエル、ミカエル、ラジエル
**色**　濃いラベンダー色〜青みがかった紫色。黒と白の脈状の模様があります。
**ヒーリング特性**　スピリチュアルな気づきや能力を高め、隠れた恐れを発見し、癒すための触媒として働きます。
**メッセージ**
私の名前は、祖国ロシアの言語で「魅力的な、神秘的な」という言葉に由来します。私は人類の革新的な進化を助けるために、最近やってきました。あなたの注意を集中し、第三の目の抑圧を解放するために私とワークして、クレアボイアンスを高めましょう。私の高い波動で、あなたを制限している思い込みや恐れが明らかになり、それを手放せます。静かな威厳を伴いながら賢人の忠告を提供するので、私は賢者の石の一つとして知られます。いかなるときもあなたと一緒にいて、常に準備を整え、真実を察知できるように助けます。

Chrysoprase

石の名称

# クリソプレーズ

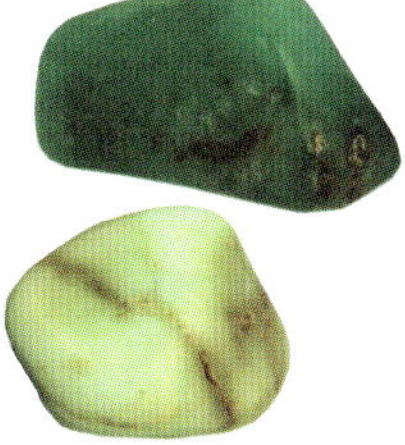

大天使　ラファエル
色　青リンゴ色～レモン色
ヒーリング特性　明るく喜びにあふれた石は、個人的な問題を癒し、穏やかな癒しのエネルギーでふさいだ気分を明るくします。
メッセージ
喜びは、私たちが本来あるべき状態です。ですから、自分という存在の中に完全であるすばらしさ以外の感覚があると思ったら、それは統一体としての輝きを再びかき立てなさい、というサインです。私を胸の近くに当てて、別離は幻にすぎず、あなたは決して一人ではないと知ってください。あらゆる瞬間に自分を取り囲む愛の存在を感じましょう。心と目を開き、それを十分に感じてください。分かち合いの経験や理解の美しさは、神の計画というタペストリーに織り込まれています。それを見つけるために、利己的な関心から抜け出て、奉仕の空間へと入り、あふれるばかりの豊かさの本質を受け入れましょう。

Chrysanthemum Stone

石の名称

# 菊花石

大天使　アリエル
色　灰色がかった黒色で、名前のもとになっている花のような白い模様が入っています。
ヒーリング特性　これは変化の石です。両立の可能性を高め、陽気さや無邪気さを通して統一体を作り上げます。
さらに、障害物を取り除き、あなたが目標に向かって歩き始め、前進し続けられるように助けます。
メッセージ
私と一緒にいるとき、思いがけないことが起こるのを期待してください。エレメンタル（自然界を守る精霊）のように、変化というたずらが大好きだからです（妖精が顔をのぞかせ、私の花の中でその羽を見せているのは、おそらくそういう理由からでしょう)。

必ずしも、変化に苦痛は必要ではありません。私はそれを証明するためにここにいます。

あなたが望むものをビジュアライズしてください。そうすれば、私があなたと一緒にワークします。

もし私が小さな贈り物をしても、驚かないでください。笑いは、大きな声で表現された喜びそのものです。

あなたが幼い頃に感じた好奇心を覚えていますか? 議論の余地がないものや、変えられないものなどは何一つありません。それは今でも真実です。

あなたは変化を創造しました。それは一体、どんなものになるでしょうか?

Chrysocolla

石の名称

# クリソコラ

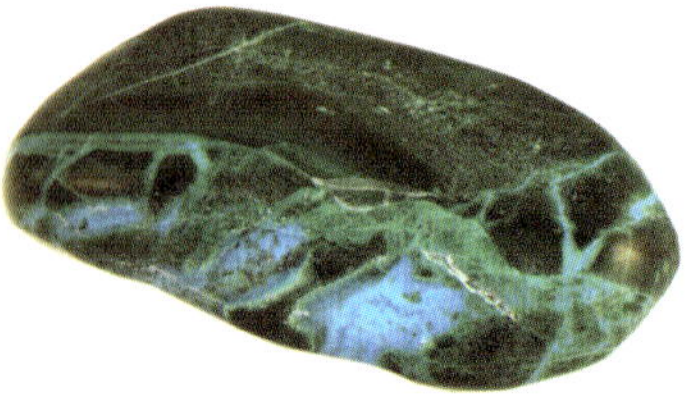

● 大天使 ● アズラエルとラギュエル
● 色 ● 薄い青～青緑
● ヒーリング特性 ● ハート・チャクラのバランスをとり、感情的な安定や気づきをもたらします。
それは、宇宙の愛が持つ癒しのエネルギーをあなたの個人的な経験に注ぎ込みます。
● メッセージ ●
私は、感情的な爆発が起きているときに、平静を保てるよう助けるためにやってきました。

喜びがあなたの自然な状態ですが、地上では悲しみが勝ってしまうことがたびたびあります。あなたが感情的な苦しみに直面しているときに、私は静かな瞑想を通して、別離や悲しみの感情を手放せるように助けましょう。

私と一緒にいると、思いがけない方法で、神からの愛にあふれる助けをあらためて思い出すでしょう。心を癒す波動で、私が新しい見方を紹介するにつれて、悲しみの感覚は薄れていくはずです。

アクセサリーにして身につけても、単にポケットに入れているだけでも、私はすばらしい旅の伴侶となり、つねに流れ続ける人生の川の中で、すべては完璧であると思い出させてあげましょう。

Chrysocolla & Malachite

石の名称

# クリソコラマラカイト

●大天使● ラギュエル
●色● 薄い青、青緑、濃い緑の混合。渦巻き模様があります。
●ヒーリング特性● ビジネスにとってすばらしい石です。富を手に入れ、愛する能力を高め、障害物を取り除けるよう助けます。
●メッセージ●
ビジネスをしている人は、私を歓迎します。というのも、彼らは、繁栄のもとは心からのサービスにあると知っているからです。溶け合った調和の中で、ビジネスとは、人々が共通の目的に向かってともに取り組むことだという認識を促します。私は、多様なグループを一つにするためのすばらしい道具です。よいものを生み出すために、さまざまな意見を溶け合わせることの美しさを体現しているからです。組み合わされた私の特性が、あなたのスピリットを開き、あらゆる形の豊かさを受け入れられるでしょう。平和の橋をかけられるように、私を手元に置いてください。

Cinnabar

石の名称

# シナバー

大天使　アリエルとラギュエル
色　赤
ヒーリング特性　しばしば、「商人の石」と呼ばれます。商売で利益のある取引ができるように助け、豊かさの感覚をもたらします。
メッセージ
白と黒の基質内で、生命力を与える見事な赤色があなたを手招きしています。昔から商人は、私を富のパートナーとして他に匹敵するものはないと認めていました。私は世界中で宝箱の見張り番をし、エネルギーをきれいにして、絶え間ない富の流れを招き入れていました。今日に至るまで、情熱を傾ける仕事がうまくいくように、アイディア、創造性、行動を刺激してきたのです。発明の才とビジネスの眼識を助け、あなたが問題を解決し、協力的な人間関係を築けるように助けます。あなたとワークできるように、私を招き入れてください。自分を縛っている思い込みを取り除き、絶え間ない豊かさを実現しましょう。

Copper

石の名称

# コッパー（銅）

**大天使** ラファエル
**色** 金属光沢のオレンジ色
**ヒーリング特性** 関節痛をとても楽にしてくれます。
さらに、自尊心や自己認識を促し、感情的な境界線を築けるように助けます。

**メッセージ**
この人生の旅に参加するには、柔軟性が必要です。人間として生きている間、学ぶべきすばらしい経験をたくさんするからです。
あなたは、エネルギーが自分の本質であると知りながら、感情とこの世の肉体を持って生きることに同意しました。私は、その勇気をほめたたえます。私は生き延びるための道具、うずくまるほどの肉体的苦痛に耐える人たちの癒しの道具となり、あなたの種族が進化するように励まします。

そして、私の恵みは、あなたが心や体を向上し続けられるように促します。肉体的、感情的領域を含むすべてのレベルで、適切な境界線を築き、自分の健康を尊重し、維持することを学んでください。この世に人間として生まれてきたことを喜び、ヨガやダンスのような新しい挑戦をしましょう。

自分のあらゆる面を調整すれば、いつでも若さにあふれた動きをするための基盤ができます。私の特性に助けられて、あなたが世の中を明るくし続けることを信じています。

石の名称

Citrine

# シトリン

**大天使**　アリエル、ガブリエル、ウリエル
**色**　黄色～深いきつね色
**ヒーリング特性**　自尊心を高め、ハイヤーセルフと協力して古いパターンを癒し、豊かさを引き寄せる強力なエネルギー調整具です。
**メッセージ**
私の中にある金色に輝く魔法の泉は、宇宙の完全さを表しています。それはキリストの光に似ています。私は、あなたが宇宙を流れるエネルギーを理解できるように助けます。目的に集中して私とワークすれば、あなたが心に思い描いたものは神の栄光の中で現実のものとなるでしょう。自分の思考が通貨であると理解すれば、宇宙の奇跡のような豊かさが、すぐさま実現するのです。私は、商人の石として知られています。豊かさとはお金のことだけではありません。健康や時間や人間関係も豊かさの一部です。そのすべてが、情熱と献身とともに、人生を支える目的の実現を促すのです。

Coral

石の名称

# コーラル（珊瑚）

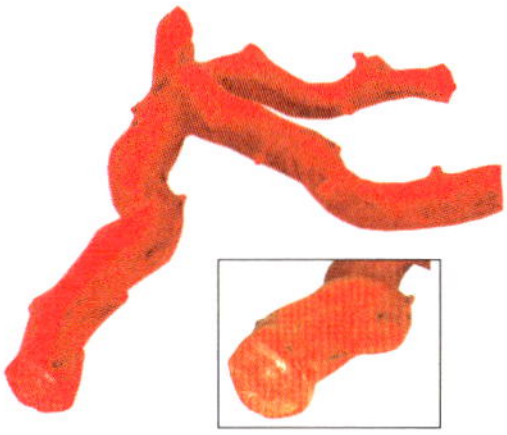

大天使　アリエル
色　ピンク色、赤、白
ヒーリング特性　海からの貴重な贈り物で、骨格に関する癒しを助け、感情的な苦しみをやわらげます。
メッセージ
海底やかつて海底だった場所で発見され、健康を刺激するシンクロニシティの贈り物を与えます。宝石からサプリメントまで、私はいろいろ姿を変えて人の体を強くしています。私には海の記憶があり、揺れ動く感情の海を航海するのを助けます。私は母なる大地と父なる空という幸せに満ちた愛の中にあなたをしっかりと根づかせ、いかなる別離による亀裂もふさぎます。あなたの基盤は強いと知り、心身に適切な栄養を与えて、健康に関するあらゆる面に愛情を注いでください。そうすれば、自らの光の使命を助け、最終的に今世の学びを終えられるような、すばらしい恵みを受け取れるでしょう。

Danburite

石の名称

# ダンビュライト

**大天使** ラジエル
**色** 透明、ピンク色、白、黄色
**ヒーリング特性** このシャーマンの石は、クリアで、純粋かつ強烈なエネルギーを持っており、喜びを与え、邪魔ものや障害物を取り除きます。
他のクリスタルと併せて使うと、とても強力なヒーリング・ツールとなります。

**メッセージ**

悟りの状態に至る高い波動の通り道として、私は、シャーマン、魔法使い、巫女《みこ》などの友人です。
混乱や恐れが我慢できず、それらをすぐに表面へと浮き上がらせます。ですから、私がいれば、信頼や信用を得られるでしょう。

私は、アストラル界の冒険の旅へと案内することをお約束します。その冒険の旅は、現在の感受性をはるかに上回るものとなり、新しい考え方を確立するでしょう。

私は、すばやい現実化、波動によるヒーリング、テレパシーによるコミュニケーションの可能性へ、そしてさらに多くのものへと、あなたの目を開きます。

私は、病気の場所や原因をつきとめられるヒーラーで、ベテランのヒーラーと協力すれば最善の働きができると覚えていてください。

今すぐに私を呼んでください。そして、私のクリスタルの友人たちに、ヒーリングの勢いをもっと加速してもらいましょう。

石の名称

# デザートローズ

Desert Rose

大天使　アズラエル、エレミエル、ラギュエル
色　茶色、黄褐色、白、薄い黄色
ヒーリング特性　幸福感を高め、宇宙の計画におけるあなた個人のユニークな価値を理解できるようにします。
メッセージ
砂から生まれた繊細なつぼみで、その美しさによって幸せを広げ、自分を花開かせることを思い出させるために私は存在します。それぞれの魂は、雪のかけらのようにユニークで、その構成は完璧であり、創造主からの愛にあふれた贈り物です。それでもなお、最大の喜びは、統一性に見られます。ですから、リラックスし、互いを信頼するためにみんなで集いましょう。愛という協力的なスピリットを経験してください。比較することなく、一人ひとりの個性を受け入れたとき、あなたは愛の鏡となります。そして、世界は、共同体や相互依存の大切さについて学び続けるでしょう。

Dioptase

石の名称

# ダイオプテーズ

大天使　ラファエル
色　深いエメラルドグリーン
ヒーリング特性　人生のバランスをとるのを助けます。強力な癒しの石で、個人的目標の達成へと導く一方、調和をもたらすのに使います。
メッセージ
ヒーラーのための最上の石として、あらゆるレベルの健康の向上に献身している人と結びつき、波動医学という新しいチャンネルを開きます。多くの人が、過去世のワークで私に馴染みがあることでしょう。今日、私はクリスタル・セラピーを通して、過去の文明の技術を再び紹介しています。私たちのよみがえったパートナーシップは、古傷を取り除くことに関心があり、ヒーリングの本来の姿の発見につながるでしょう。昔の遊び方をもう一度学ぶことで、埋もれていた苦しみをやわらげる方法をお教えします。子どものように考え、気ままに行動し、いつもよいことだけを期待してください。

Diamond

石の名称

# ダイヤモンド

● 大天使 ● ラジエル
● 色 ● 青、透明（白）、ピンク色、黄色
● ヒーリング特性 ● 虹とチャクラのあらゆる色を表しています。
明晰さ、献身、コミュニケーションの石であり、繁栄、愛、スピリチュアリティを高め、さらに、個人的な目的のために働きます。
● メッセージ ●
私は、チャクラへの光の橋として働き、すべてのスペクトルの色を示します。それぞれのチャクラで、私は一つひとつのエネルギー交換を増幅します。

鉱物界の高潔さを具体化したものとして、私の輝きは、純粋さ、豊かさ、忠実さを表すことで有名です。

私は、天の呼び声のほうへ、力強く舞い上がります。私のエネルギーと関われば、統一性、真なる動機、無条件の受容、心からの献身が要求されるでしょう。

パートナーシップのシンボルとして、私は人間の魂を深い愛の場所へと連れていくような経験の共有に最適です。

私は、神のエネルギーと天使の恵みのパイプとなり、心を開いて互いに学び成長することに献身したい、という人を歓迎します。私と一緒に旅をしませんか？

Emerald

石の名称

# エメラルド

大天使
ハニエル、ヨフィエル、ラジエル、ラファエル
色
緑
ヒーリング特性
スピリチュアリティと意識を深めるので、夢分析や瞑想にとても適した心の石です。
あらゆる目的にかなうヒーリング・ストーンです。
メッセージ
堂々とした姿で、私は天から授けられた栄誉を受け取り、神の愛というあなたの心の本質を守ります。
私は神と同じスピードで働くので、私と一緒に創造するには、集中力と明晰さが必要です。思考から現実化まで、私たちのエネルギーは最高の幸せのために協力し合います。

じっと見つめてください。私がガイドとなって、あなたを高次のレベルで機能させ、愛の輝きで明るい道を歩けるよう導くとき、あなたの人生の上に宇宙のやさしさというマントがゆったりとかけられるでしょう。

奉仕に集中していれば、あなたが要求し、望むことはすべて手に入ります。なぜなら、寛大さをもって反応すれば、あらゆる事柄で、よきものを受け取れるからです。

同じように、私がヒーラーの手の中にあるとき、彼らが利用できる知識を拡大し、壊れた心を癒すために強力な緑色の光線を発します。

Fluorite

石の名称

# フローライト

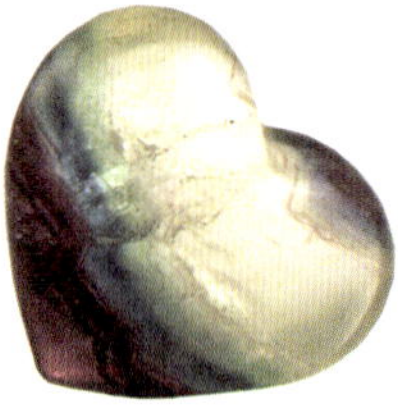

● 大天使 ● チャミュエル、ラファエル、ラジエル、ウリエル
● 色 ● 青、透明、緑、紫、黄色
● ヒーリング特性 ● より深い気づきに到達し、スピリチュアルな成長を促すというすばらしい仕事をします。エネルギーをしっかりと落ち着かせ、集中力を高める強力なヒーリング・ストーンです。
● メッセージ ●
私たちは協力し合い、あなたが本来の姿を見つけられるように助けます。瞑想状態を誘発し、何層にもなった個性をはがし、真の自己に出会うビジョン・クエスト（ネイティブ・アメリカンの通過儀礼の一つ）の準備をさせるという、強力なヒーリング能力があります。私はよく、アセンデッド・マスターやガイドと出会うための瞑想にも呼ばれます。さらに、日々の活動に注意を集中し、スムーズに進められるようクリアな思考を提供します。クリスタル・セラピーの技法や実践に興味がある人には、ヒーリングの個人レッスンをします。

Gold

石の名称

# ゴールド

大天使　ミカエル、ラファエル、ウリエル
色　光沢のある黄色
ヒーリング特性　万能のヒーラーで、世の中に行動の男性的エネルギーを示す一方で、安定させ、清め、バランスをとります。それは、豊かさと幸せについて語ります。

メッセージ

キリストの光の伝達者として、私は最も貴重なエレメントの一つです。金属のような光沢ある姿で、鉱物界における多くの存在のパートナーとなり、彼らの波動を最も高次なものへと高めます。私の輝きの中に現れている繁栄や富は、きらきら輝く、生命維持の源である太陽を思い出させるでしょう。男性エネルギーのように単刀直入で、能力と充足の雰囲気を放ち、私を身につけた人に自信を与え、私を物々交換した人には安定を与えます。私の通貨としての真価は、そのようなエネルギー交換にあるのです。

Garnet

石の名称

# ガーネット

●大天使● ガブリエル、ハニエル、ラファエル
●色● 赤、黄色、緑、茶色、ピンク色、黒
●ヒーリング特性● 血液に関係する病気を癒すと同時に、情熱や創造性や目的意識を刺激します。

●メッセージ●
あなたは、自分が何を成し遂げるためにここにやってきたのか、はっきりわかっていないのではありませんか？　自分の創造性の邪魔になっているものはありませんか？　あるいは、自分の人生にもっと豊かな情熱がほしいと思っていませんか？

きっと、あなたの答えはイエスでしょう。それが私を家に持ち帰った理由に違いありません。

私は血のように大胆な色合いで、エネルギーを活性化し、エネルギーを変換する手助けをします。それはあなたに自由を与え、新しい方法を試みさせるでしょう。

自分の思考が現実を創造すると思い出させることで、恐れを取り除き、心配をやわらげます。

感謝を忘れずに集中し続けると、あなたは自分にとって夢でしかなかったものを実現し、世の中は、苦悩の場所から、驚きと幸せの声にあふれた場所へと変化するでしょう。

Hematite

石の名称

# ヘマタイト

・大天使・　ヨフィエルとミカエル
・色・　光沢のある灰色
・ヒーリング特性・　個人的な魅力、楽天性、意志、勇気を高めます。
さらに、体やエーテル体を丈夫にし、グラウンディングの道具となります。
・メッセージ・
私の重々しい姿には、安定や安全の感覚とのつながりが現れています。

あなたが新しいレベルの自己理解へと到達できるようにエスコートできるのは、とても光栄なことです。

一人ひとりの美しさや精神的重荷を鏡のように映すことで、

私は選択を促す触媒となります。そうすれば、あなたは私と一緒に、自分が持っているかもしれないネガティブな残留物を明らかにできるでしょう。私たちはそれを除去する準備をして、楽天性、リスクを恐れない気持ち、意志の力を強化することによって、幸せを招き入れます。

あなたが自分の見方を変化させると、コントロールを手放し、信頼感を強め、引き寄せの力を手に入れられるでしょう。さらに、手放すというプロセスが、眠りのパターンを改善し、健康問題を軽減し、個人的状況やビジネス環境にも安らぎを与えます。

# Jade

# ジェイド（翡翠）

●大天使● ラファエルとラジエル
●色● 緑、ラベンダー色、白、黒、黄色、赤、茶色、青。
いずれも白みを帯びているか（ネフライト）、半透明（ジェイダイト）
●ヒーリング特性● この繁栄の石は健康を改善し、過去世を思い出させ、古代の知恵とつなげてくれます。
アジアの伝統の中で、特によく用いられます。

●メッセージ●
私は、平穏、静寂、知恵、繁栄、心を落ち着かせる静けさの感覚という贈り物をします。

スピリットからの恵みを思い出すために、私を素肌につけてください。

私はこの次元から次の次元への通路として働き、愛にあふれる平和なスペースを創造します。ですから、すでに亡くなった人たちと対話をするために、私を手に握るか、額に当ててください。

新たなスタートを踏み出そうとしている人に、私を渡してください。そうすれば、別離の感覚がやわらぐでしょう。

私はずっと王族の装飾品であり、戦争の武器でしたが、私の目的はいつも、癒しやインスピレーション、成長を促し、豊かで愛にあふれた宇宙を思い出させることだったのです。

# ジャスパー

Jasper

大天使　アリエルとメタトロン
色　赤、茶色、黄色、ピンク色、緑、青、紫色
ヒーリング特性　同じ色のチャクラに働きかけ、バランスをとり、再調整し、癒します。そのやわらかなエネルギーは、組織運営力を強め、プロジェクトの達成を早めます。
メッセージ
私は両親の愛のように、やさしく包むようなガイダンスを与えて、日々の混乱した出来事に休息を与えます。
そして、あなたと協力し合い、チャクラを開いて集中できるようにし、クリアな思考、組織化、プロジェクトの完成を促します。
私のさまざまな色は、対応する色のチャクラの瞑想や浄化に役立ちます。

ジャスパーの種類

## オーシャンジャスパー

大天使　アリエルとメタトロン
色　ピンク色、緑、白
ヒーリング特性　ピンク色と緑という心を癒す性質を表したものです。その円形の模様は、完全呼吸とエネルギーの動きを促します。
メッセージ
環状のうねりが、ピンク色、緑、白の模様の中にたくさんあります。海で波が調和したリズムで動くように、私はあなたに連続した動きで呼吸することを思い出させます。そうすれば、体の中にある有毒なごみがきれいになくなるでしょう。

## ピクチャージャスパー

**大天使**　アリエル
**色**　茶色、緑、赤のような大地のさまざまな色合い。
母なる大地が、絵筆を使って美しい景色を描いたように見えます。
**ヒーリング特性**　自然が与えるヒーリングを家の中へ持ち込むための理想的な友です。また、規則的に瞑想をすることの大切さを思い出させてくれます。
**メッセージ**
自然は、私のフレームの中に、そのポートレートを描きます。ですから、立ち止まって、私の中に捉えられた地球の雄大な姿を眺めてください。私を家の中に招き入れ、毎日のワークの友にしてくれれば、母なる大地とさらに強い関係を築けるように火をつけましょう。

# Labradorite

石の名称
# ラブラドライト

大天使 ハニエル、ミカエル、ラジエル
色 濃い灰色で、緑、青、黄色の虹のような色合いを伴います。
ヒーリング特性 星の寺院を象徴し、あなたが自分の運命を発見できるように助け、内なる視界をクリアにします。
メッセージ
私は銀河系からやってきた、不思議な力を宿す、内なる結合のための石です。太陽神経叢（ソーラープレクサス）からのコミュニケーションを眉へとつなぎ、あなたが神との新しいレベルの関係を持てるように導きます。目を閉じて、私とワークしてください。体は自然の状態にくつろがせましょう。私のエネルギーによって、安全に知恵へと近づくことができます。そして、あなたは新しい次元へと旅することができるでしょう。私は大胆不敵なので、リズムを速め、素早く動く準備をしてください。既知の限界を超えて旅する心の準備と、自分の意識を拡大する用意ができたら、私を呼んでください。

Kunzite

石の名称

# クンツァイト

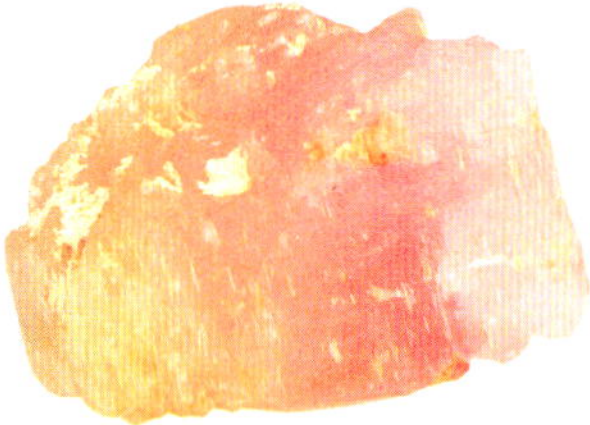

大天使　ヨフィエルとラギュエル
色　ピンク色、ラベンダー色、透明、黄色、緑
ヒーリング特性　あなたの心を愛へと開かせ、バランスのとれたパートナーシップを築けるように助けます。
そうすることで、個人の別離やストレスを軽減し、地上での平和を促します。
メッセージ
女性的な波動の高まったパワーが、私の挨拶の言葉です。
現在や過去世から、何層にもなった苦しみを取り除けるように力を貸します。それは、あなたに無条件の愛の自由を与えるでしょう。
完全であるという決心は、自分自身から始めるものなのです。

というのは、他の誰も、あなたの人生を癒すパワーを持たないからです。

一歩踏み出して調べ、あなたの別離の原因を手放し、自らの真の本質、つまり喜びを取り戻してください。心の苦しみは、それを認め、受け入れ、許すことによって取り去ることができます。

ですから、自分で課した別離という障害物を明らかにし、自己への信頼を再び築いて、この貴重な瞬間にあなたの純真さを取り戻しましょう。

Kyanite

石の名称

# カイヤナイト

**大天使**　ガブリエル、メタトロン、ラギュエル
**色**　パールがかった青で、白い筋が入っています。
**ヒーリング特性**　あなたを若々しい情熱や楽天性と結びつけます。
さらに、あなたが信頼して心のままを率直に話し、人生がもたらす喜びを経験できるように助けます。

**メッセージ**
私は、あなたが自分の真実を話せるように、強さを伴ったやさしい愛の感覚を提供します。
スロート・チャクラの障害物や恐れを取り除き、スムーズに、情報が流れるよう手助けします。
より高次の理解や宇宙の意識の探求へとドアを開くこと

で、私はこの次元の不調和を解決する新しい物の見方を提供します。

私の贈り物は、自己実現におけるパートナーとして、真実を見分ける能力を与えることです。ですから、私と一緒にワークしましょう。

自分自身に尋ねてください。

「これは現在のことですか？　それとも過去が現れたものですか？」

自分の内側で、または他人との関係で、衝突が起こっていたら、私を呼んでください。

Lapis Lazuli

石の名称

# ラピスラズリ

●大天使● ミカエル、ラジエル、ザドキエル
●色● ロイヤルブルー～濃い青で、金と白の斑点があります。
●ヒーリング特性● サードアイ・チャクラを開いて、あなたの感覚を拡大します。
心と頭をつなぎ、バランスがとれ、互いに頼り合える人間関係を築けるようにします。

●メッセージ●
仲間よ、私は立ち上がり、あなたに真実を話すように呼びかけます。
過去からこだまする声が聞こえますか？
ガイダンスをお願いしてください。そうすれば、あなたは知恵を与えられるでしょう。

自分の使命を受け入れ、はっきりと声に出して言ってください。あなたの声が天に届いたとき、恐怖感は取り除かれ、代わりに知識がもたらされるでしょう。

昔、王や女王はパワーのしるしとして、私の鮮やかな青色を愛してくれました。その遺産を私はあなたと分かち合います。なぜなら、あなたの言葉もパワーを持つからです。あなたが言葉や行いで教えられるように、私を活用してください。

自らの声を見つけられない人たちのために、私はヒーラーとして仕え、すでに声を持っている人たちには賛美を捧げましょう。

自分は守られていると理解して、前へ進んでください。

Larimar

石の名称

# ラリマー

●大天使● アリエルとラギュエル
●色● 白の混じったやわらかなアクアブルー。
熱帯地方の海と、うねりたつ白波を思い出させます。
●ヒーリング特性● やさしく純粋なエネルギーは、ユニコーンのエネルギーを思い出させます。
その穏やかなスピリットで、落ち込んだ気分から立ち直れるように助けます。
●メッセージ●
私は魅惑的です。

海の波間で水の精とたわむれるイルカたち、花々の間を軽やかに飛び回る喜びに満ちた妖精たち、野原で自由気ままにしているユニコーンなどとの楽しい時間を思い出させます。

あなたの内側に秘められた自己のビジョンを見つけるため、私を見つめてください。なぜなら、私の表面には真実が反映され、スピリットの純粋さが表れているからです。

私と一緒にいると、あなたの心は恐れや純真さの喪失によって汚されることがなく、完全であるというすばらしい感覚が得られるでしょう。

あなたに心の平静を与えるため、意識の領域に橋をかけるので、神の知恵、安らぎ、静けさに近づく選択をしてください。

私は、雲の中にお城を見せることができます。そうすれば、一度壊れた心に落ち着きが取り戻され、愛という恵みに包まれることでしょう。

Lemurian Quartz

石の名称

# レムリアンクォーツ

**大天使** ハニエルとラジエル

**色** やわらかいピンクの色合いをしたクリアクォーツで、両側面に目立った隆起があります。

**ヒーリング特性** この稀少でパワフルな石は、あなたを過去の文明からの情報とつなげてくれます。テレパシーとヒーリングのすばらしいパートナーです。
さらに、焦点と集中力を強め、あなたが自信を持てるように促します。

**メッセージ**
私は、レムリア文明の記録です。
レムリア文明は、かつて地球を横断した一つの大陸に存在していましたが、今では別の次元にあります。それを理解する力ギは、私の構造の中に存在します。

私に呼びかけた人は、波動や色や音のパワーを知っています。そして、言葉を使わずにコミュニケーションをとり、愛とつながるための能力を理解しています。

ヒーラーも私に引き寄せられます。というのは、私が聖なる寺院の秘密を守っているからです。

クリスタルの中に表現された虹として、私は、あなたが進化するのを助けます。しかし、私を活性化するには、純粋な心を持っていなければなりません。なぜなら、私は文明の崩壊を知っており、もう二度とその共犯者になりたくないからです。私があなたのことを知り、信頼感を抱くまで、私の神秘さは守られたままでしょう。

私を探そうとせず、我慢強く待っていてください。私は適切な時にやってきます。そうしたら、あなたは私の持つ馴染みあるエネルギーに再び気づくことでしょう。

石の名称

# レピドライト

Lepidolite

大天使　ラギュエルとラファエル
色　ラベンダー色～ピンク色で、光る雲母の斑点があります。
ヒーリング特性　このくつろぎの石はストレスをやわらげ、あなたのハイヤーセルフを発見できるよう促します。
メッセージ　呼吸してください。あなたはいつも呼吸の大切さを忘れがちです。
息は、あなたにエネルギーを与え、安定させ、中心に落ち着ける生命力です。
私を手に持って、静けさの波があなたという存在へと打ち寄せるのを感じてください。きっと元気を取り戻せるでしょう。

それが私の言葉であり、私を思い出させるものです。

人生がめまぐるしくなってきたら、私を呼んでください。そうすれば、水平線に沈んでいくのどかな夕暮れを見せましょう。それは、夜があなたの魂を静めるために用意したものです。

あなたが背負っている重荷を取り除き、気持ちを楽にしてください。私は、あなたの視覚をクリアにし、夢の時間へと導いて、アカシックレコード（訳注：宇宙や人類の過去から未来までのすべての記録）に書かれている内容を思い出せるように助けます。

親愛なる人よ、リラックスして、私に頼んでください。

Malachite

石の名称

# マラカイト

●大天使● ラファエル
●色● 深くて濃い緑色で、少し薄い色の縞模様が、サードアイを思い出させるような環状に入っています。
●ヒーリング特性● この強力なヒーリング・ストーンは、あなたの心を強くして、健康な体を作り上げます。
さらに、心から望む人生の目的に取り組ませて、豊かさを引き寄せます。
●メッセージ●
私とともに、愛の持続に必要なものと愛の源を思い出してください。

私は、心の気づきへのカギとして働きます。そして、ワンネス（すべては一つであること）を発見し、経験する旅を、あらゆる方法で助ける準備ができています。

一つひとつの形が完璧であり、似ているものは二つとしてありません。そのユニークさの中に、あなたは受け入れることの美を発見します。

自分の他とは違う個性に注目しながら、それと同時に、すべての本質は同じであると知ってください。なぜなら、一見すると私たちは異なっているようですが、心のレベルでは明らかにまったく同じものだからです。私は、あなたの人生で、この愛のパワーを強めるために存在します。

ですから、瞑想するときには、私を招き入れてください。そうすれば、私は、あらゆるレベルで、そして、時間と行動のあらゆる方向から癒せるように、あなたの意図を増幅させ、あなたが宇宙のサポートと愛の贈り物を受け取れるように心を開かせましょう。

石の名称

# モルダバイト

Moldavite

大天使　アリエル、ラファエル、ラジエル
色　緑
ヒーリング特性　並々ならぬ波動を持ち、気づきとともに意識を高め、あなたをアセンデッド・マスターとつなげます。
メッセージ
私のもといた場所を表す波動へと、一緒に飛び立つ準備はできていますか?　隕石である私は、大地に衝突するまで空中で激しく燃えていました。ごく最近、ヒーリングを始めなさいという招待状を受け取るまで、私は身を潜めていました。今では多くの人がイルカやクジラから送られる呼び声を聞いていますが、その波動で私の癒しのパワーは活性化されます。私は尊敬さえ与えられれば、体や心やスピリットが発見の旅へ出発する準備のできている人の助けとなるでしょう。しかし、経験の乏しい人には慎重さが必要です。準備不足の人は私に圧倒されるでしょう。細心の注意と節度を持って私とつながってください。

Moonstone

石の名称

# ムーンストーン

大天使 ハニエル
色 クリームがかった白、青、ピンク、黄色
ヒーリング特性 新しい始まりであるこの石は、幸運のお守りであり、ポジティブな変化を助け、旅人を守ります。
メッセージ
私は女性を守るお守りで、絶えることのない月のエネルギーで包み込み、女性らしさと美しさを高めます。私を眺めた人の心をとりこにし、控えめな官能性と、ソウルメイトとのパートナーシップへの欲求を呼び起こします。男性性と女性性のバランスは、極めて重要です。陰と陽のバランスがとれていると、宇宙の流れが途切れなく流れ来て、あなたの目的や注意を向けている事柄を助けるような経験や人が引き寄せられるからです。私は女性的なパワーで影響を与えますが、そのパワーを誰もがそれぞれの役割の中で感じられ、分かち合えるでしょう。私の波動は、あなたの可能性の大きさへの賛辞です。

Obsidian

石の名称

# オブシディアン

●大天使● ヨフィエル、ミカエル、ラジエル
●色● 黒、虹色、緑、マホガニー、煙色、黄金のような光沢のもの、雪の結晶のような斑点のあるものがあります。
●ヒーリング特性● 感受性の強い人を保護する自然からの贈り物です。
ネガティブなものや苦しみを追い払い、好ましくない感情を撃退します。
●メッセージ●
魔法使いの石であり、私を知っている人々を守ります。

どんなネガティブなものも恐れないでください。私が呼ばれると、あなたは保護シールドに包まれます。

特に、旅行中や、大勢の中にいるときに、私を招いて一緒にいてください。そうすれば、調和しないエネルギーや誠実さに欠けるエネルギーをすべて追い払います。あなたの安らかな旅にお供できて光栄です。

## オブシディアンの種類

### レインボーオブシディアン

大天使 ラジエル
色 環状に見える光沢のある半透明の黒色。多くは灰色、緑色、青の色合いを伴います。
ヒーリング特性 現在を過去との関係から理解できるように促します。過去の思い込みや判断を手放す手助けをします。
メッセージ
私の中心から、輝く虹のような光が出ています。そのお祝いに加わってください。
私の顔をじっと見つめ、自分の中に意気揚々とした流れを感じてください。

子どもの頃に見つけた無邪気な驚きに再び火をつけ、喜びの思い出を取り戻しましょう。

## スノーフレークオブシディアン

大天使　ラギュエルとウリエル
色　黒で、雪の結晶のような白い斑点があります。
ヒーリング特性　恐怖感をやわらげ、注意を向ける焦点を再調整して、プラス思考ができるようにします。
メッセージ
私は、白と黒のくっきりしたコントラストによって、光と闇のバランスを内側に保持しています。
ストレスや恐れでいっぱいになったら、私のヒーリングの助言に耳を傾け、そういったもう役には立たない思考を手放し、代わりに天使のガイダンスと愛を招き入れてください。

# Onyx

石の名称

# オニキス

●大天使●　ハニエル、ラギュエル、ラジエル
●色●　黒、青、緑、黄色
●ヒーリング特性●　ビジョンや夢に対する気づきを高めます。自制心やグラウンディングを強化するので、集中力を高めたい人に最適です。
●メッセージ●
私を枕の下に置いて寝てください。そうすれば、学ぶべきレッスンを思い出し、あなたの人生にすぐに平和な形で取り入れることができます。あなたが不確かな出来事の中で、心の落ち着きを得ようと苦闘しているときには、私が安定力となり、自分への信頼を高められるように助けます。信頼を学ぶことで、あなたは平和な世界へと導かれ、自分の傷つきやすさを受け入れる気持ちになり、その結果、より大きな共同体意識が芽生えるでしょう。私と一緒にいれば、自分を受け入れられると同時に、活動の焦点と集中力が一段と強まっていきます。私があなたを導くので、自由になって、リラックスしましょう。

石の名称

# オパール

Opal

●大天使● ハニエル、メタトロン、ウリエル
●色● 透明または乳白色。白、オレンジ色、黒、青、ピンク色、紫色のような虹色に輝きます。
●ヒーリング特性● 調和が、この石の本質です。
あらゆるレベルで、あなたという存在のバランスをとる、その能力に由来します。
●メッセージ●
海辺の砂が移動しながらつねに変化しているように、私は光を反射しながら変化します。

あなたの思考と行動が完全に一致するように、あなたのあらゆる面に調和と輝きをもたらし、暗闇には光をもたらします。

それはちょうど、太陽の光から月の光へと変わる一日のサイクルと同じです。あなたはこの贈り物を受け入れてくれますか?

私と一緒にいると、感情が強まるでしょう。なぜなら、私はあなたの情熱に目を向け、なかなか消えない過去のパターンを取り除くからです。私はカルマの重荷を追い払い、古い傷を手放したいという欲求を生じさせます。

自分の内側にある神のパワーを望めば、あなたの人生は光を放ち、真の愛のやさしい強さに抱かれるでしょう。

すべての中にある男性性と女性性に調和をもたらすため、まずは自分自身を受け入れ、忍耐力を持つことから始めてください。

Pearl

石の名称

# パール

大天使　ハニエル
色　輝く白と、灰色がかった黒
ヒーリング特性　高潔、純粋、優美のシンボルです。天とつなげる特別な石で、有色の石と組み合わせて用いると特に効果的です。
メッセージ
はじめは真珠貝の中に入った刺激物でしたが、のちに私は美と超越の純粋なイメージとして世の中に現れます。あなたの人生も同じではないですか？　深刻な苦しみの原因や問題が、新しい見方やもっと洗練された自己を生み出すものです。ただし、あなたが受容や思いやりへ到達する選択ができると知っていれば、です。あなたはどのように生きることを選択していますか？　情熱と献身と愛をもって生きていますか？　もしそうなら、「己を知る者」のシンボルとして私を身につけてください。私は水を介して神とつながっており、感情的な成熟と心構えのできた状態を象徴しているからです。

Peridot

石の名称

# ペリドット

大天使 ラギュエル
色 不透明のオリーブ色や黄色みがかったもの～濃い緑
ヒーリング特性 感受性を高めます。人生の全領域に繁栄がもたらされるよう助け、正直さと高潔さとの関係を理解するのに役立ちます。
メッセージ
私は、火山の残骸の中に埋もれていて、思いがけなく海岸で見つけられます。世界の関心は、アーサー王のいた時代とは異なるので、私は昔よりも静かです。今日、私は、希望、知恵、寛容、豊かさ、思いやりの守護者となっています。自分の才能を思い出すためのアクセサリーとして身につけられている私を、よく見かけるでしょう。私を受け入れ、自然なままの状態であなたの家へ招き入れてください。私は、あなたの現実化の能力を強め、心から望むことを実現するガイドとして働き、神の奇跡と美しさをあなたと分かち合います。親愛なる人よ、あなたが旅を続けるとき、恵みが与えられますように。

Pyrite

石の名称

# パイライト（黄鉄鉱）

● 大天使 ●
ウリエル
● 色 ●
黄色がかった金色の立方体、しばしば「愚か者の黄金」と呼ばれます。
● ヒーリング特性 ●
物質的な豊かさを創造できるように助ける石です。

パイライトと一緒に瞑想をすると、心を落ち着ける力が与えられ、エネルギーのバランスをとる能力が高まるでしょう。
● メッセージ ●
あなたの仲間は、ずっと昔から私を知っていました。そのとき、私は人類に対し、炎の輝きと、鏡として姿を映し出すという贈り物を与えたのです。

私は、気づきや保護を与え、あなたをしっかり立たせてきました。

私はあなたの焦点をはっきりさせ、豊かさについて例をもって説明します。

私の形は、現実化をデザインした聖なる立方体です。あなたの望むものは何ですか？

明晰さ、行動、信頼が、あなたの人生に望むものをもたらすでしょう。

あなたは私の保護に包まれて、見える世界と見えない世界を自由に動きまわり、真の現実へとアクセスできます。

神はあなたの探究を助け、あなたの必要とするものすべてをもたらしてくれるでしょう。

なぜなら、宇宙はあらゆる点で豊かさにあふれているからです。

Quartz

石の名称

# クォーツ

大天使　アリエル、ガブリエル、ハニエル、ミカエル、ラファエル、ラジエル、サンダルフォン
色　透明、青、緑、ローズ色、煙色（茶色）、濃いオレンジ色
ヒーリング特性
あらゆる種類の恵みをあなたの人生に引き寄せます。それは、あなたの魂に星をもたらし、スピリチュアルな気づきを高め、あなたの目覚めのプロセスを強めると信じられています。さらに、エネルギーを調和させる働きもあります。
メッセージ
私は鉱物界の中心的存在で、疑いなくここに君臨しています。あなたが見えない世界ともっと波長を合わせられるように、私の土台から、可能性のきらめきが送られるでしょう。私の波動パターンは、いろいろなものの出発点となっています。たとえば、エネルギー変換によって、私は増幅器になったり、発電機になったり、受信機になったり、浄化剤にもなれることをはっきり示します。
何らかの疑いを抱いたときには、私をあなたの目的を支持する後見人に選んでください。そうすれば、聖なるガイダンスや動機、明晰さという贈り物を経験できるでしょう。

## クォーツの種類

### ブルークォーツ

**大天使**
ガブリエルとサンダルフォン

**ヒーリング特性**
感情的な問題の解決に役立ち、あなたの環境の浄化にも効果を発揮します。さらに、他人との懇意な付き合いやコミュニケーションを助けます。

**メッセージ**
私は、辛抱強くあなたと一緒に歩き、浄化を助ける準備ができています。ですから、あなたは気後れせずに自分にとっての真実を話せるでしょう。

Quartz

愛の奉仕が私からのメッセージです。あなたの才能やスキルを最大限に発揮して、最上の可能性や幸せが生み出されるように、言葉や行動で現在の自分を超えましょう。

## グリーンクォーツ

大天使　ガブリエル
ヒーリング特性　創造性を喚起し、成功や豊かさを引き寄せ、愛と結びついた直感力を高めます。
メッセージ
豊かさ、創造性、知覚を高めたいときに、あなたの周りに私を加えてください。
あなたの夢の現実化はすでに完了しています。どんな目的を持ち、どんな思考をしているかで、あなたの受け取るものが決まります。ですから、人生をデザインするときには、思考に十分注意してください。これについて、私があなたを助けましょう。

## ローズクォーツ

**大天使**　アリエル
**色**　ピンク色
**ヒーリング特性**　あらゆるレベルでの愛に対し、心が開くように癒しを与え、あなたのエネルギーを自分への愛に集中させます。それは、内なる平和、落ち着き、ヒーリングもはぐくんでくれるでしょう。
**メッセージ**
私は、真の愛の本質を体現したものです。完全に自分を受け入れられるように、あなたのハート・チャクラを開くことで、すべてを許せる無条件の愛で包み込み、悲しみや不信の傷をやわらげる助けをします。人間である限り、誰もが喜びや悲しみを感じるということ、感情は贈物であるということをあなたに思い出させましょう。私と一緒にワークすれば、自分と他人の両方に寛大になれるよう助けます。

私を優美に身につけてください。そうすれば、恋人を引き寄せるお手伝いができるでしょう。私には、やわらかな色で人を温かく迎える輝きと、女性的なパワーでやわらげられた静かな受容力があるからです。

## スモーキークォーツ

**大天使**　ミカエル
**色**　薄茶色あるいは薄い灰色（半透明）
**ヒーリング特性**　この見事な瞑想の石は、地に足を着け、心を集中させます。そして、恐れがなくなるようにお手伝いし、夢への気づきを高めます。
**メッセージ**
瞑想中は心の安定が大切です。私はあなたのエネルギー・フィールドを強くし、地に足の着いた見方が維持できるように助けます。錨《いかり》として働きながら、あなたの信念を受け入れ、それをすばらしい目標へとプログラムし直すことで、恐れを解き放つための新しい方法を提供します。私は男性エネルギーのバランスをとり、この世であなたの可能性を最大限に花開かせるためのすばらしい石です。

## タンジェリンクォーツ

大天使　ガブリエル
色　薄いオレンジ色
ヒーリング特性　あなたの感情のバランスをとり、心を落ち着かせ、なだめます。一方、芸術的才能を高め、神からのインスピレーションをもっと受け取れるように助けます。
メッセージ
私の中には創造性が流れており、あなたの心がずっと抱いていた夢を現実のものにするという強い欲求を目覚めさせ、手助けします。あなたが夢を表現したい場所に、礼を尽くして私を置いてください。オフィスでも、庭でも、スタジオでも、台所でも、あなたが自分のビジョンを現実のものへと変えられるように助けましょう。

Rhodochrosite

石の名称

# ロードクロサイト

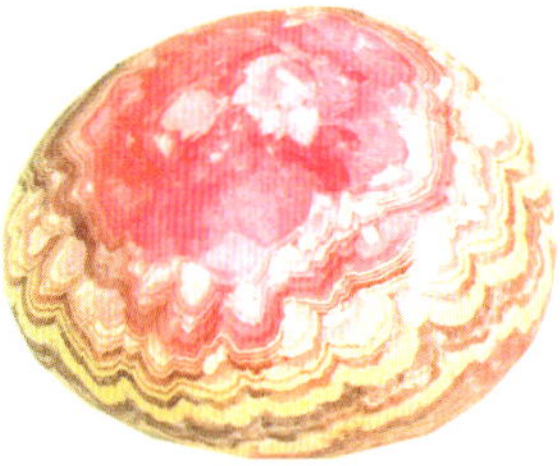

● 大天使 ● エレミエル、メタトロン、ミカエル
● 色 ● やわらかいピンク色と白
● ヒーリング特性 ● あなたの上下のチャクラの間に橋をかけて、変化の瞬間を楽にしてくれます。
バランスがとれ、愛にあふれた人生へのアプローチを創造します。
● メッセージ ●
人間の経験は、神から与えられた恵みです。

心が躍るような経験もあれば、耐えがたい困難な経験もあるでしょう。そこには、カルマによる人間関係、個人や社会からの期待、もつれた感情などの荷物がどっさり積まれています。

でも、あなたの周りには、たくさんのすばらしい愛や喜び、情熱も存在しているのです。

自分の内側にある静かな場所を見つけたら、私が前に進み出て、あなたのハート・チャクラを活性化し、上下のチャクラをつなげましょう。

私は一心に、あなたという存在を包み込み、恐れを手放せるように愛の絆を作り上げ、変化を促進させます。

そして、信念と一致した人生を送ることの大切さを思い出させ、自分に対する献身とは、人生のあらゆる分野で、誠実さを持って行動することだと教えるでしょう。

*Rhodonite*

石の名称

# ロードナイト

・大天使・ メタトロンとサンダルフォン
・色・ やわらかいピンク色と黒
・ヒーリング特性・ トーニング（音を使って心身のエネルギー調整をする方法）に使って、少しずつ音を大きくし、つながりを強めてください。
これはすばらしい心の石で、過去のパターンや苦しみを手放せるように助けます。

・メッセージ・

私はとても音に敏感で、サウンド・ヒーリングやトーニングのすばらしいパートナーです。

私の役割の一つは、地上に再びサウンド・チェンバーを創造するのを助けることです。サウンド・チェンバーとは、波動の振動数を高めるために、色やクリスタルと一緒に音を用いる寺院（現在はアストラル界にあります）です。私は、この高まった波動を地上とあなたの肉体に根づかせる助けをし、魂のヒーリングの記憶を目覚めさせます。

私の波動とあなたの詠唱を結びつけてみてください。そうすれば、あなたの目的がはっきりと伝えられ、必要な情報が得られるでしょう。

私と一緒にこの旅をしながら、新しい目でもう一度これまでの状況や人間関係を見直すようにお願いします。そうすれば、うまくいっていないものがはっきりと見えてきて、すでに古くなった自分の思い込み、パターン、反応に気づくでしょう。

あなたがやりたいと思っていたことを実現するときなのです。自分の心からのガイダンスに耳を傾け、安心して前に進みましょう。

Ruby

石の名称

# ルビー

・大天使・　ヨフィエルとミカエル
・色・　ピンク色～血液のような濃い赤
・ヒーリング特性・　愛を強め、自分の心とのつながりに気づくように促します。
そして、自分のことを気づかい、献身的な愛情を受けとめられるようにしてくれます。

・メッセージ・
私は、自己への気づきのために奮《ふる》い立って行動を起こそうとする人たちに呼びかけます。立ち上がって私のもとへ来てください。なぜなら、私とあなたの中には、創造する生命力と目的に満ちた行動の息吹が脈打っているからです。

目的を持って行動し、あなたが光を分かち合うにつれて、世界が開いていく様子を見ていてください。私はエネルギーの象徴です。古代の戦士たちが闘いへの意気を高めるために胸当てにつけた、威厳ある一族なのです。

あなたが取り決めた内容をはっきり示すよう、私に頼んでください。そして、私とともにじっくりと考えて、自らの目的をはっきり知ったという感覚が押し寄せてくるのを感じてください。

今、理解した可能性のパワーを、ともに受け入れましょう。私たちはすべてとつながっていて、決して一人で存在しているのではありません。ですから、真実を受け入れる準備ができたら、私のほうへと手を伸ばしてください。

Platinum

石の名称

# プラチナ

大天使　メタトロンとラジエル
色　金属の銀白色
ヒーリング特性　この高レベルの伝導体は、超高速でエネルギーを動かします。ダイヤモンドとの組み合わせは、とてもすばらしいものです。
メッセージ
私は、金属鉱石によって生み出される最速の波動の回廊へとアクセスします。猛スピードで強烈に脈動する私のエネルギーは、受け入れる準備の整った人を元気づけます。石と一緒にアクセサリーとなると、私はそれぞれの特性をさらに強める引き寄せのグリッドを作り上げます。それは、意識の変容や直感力への新しい道を構築するでしょう。現在、私に対する興味がよみがえってきています。私が天からの橋を地上におろすにつれて、ライトワーカーになりなさい、という呼び声に心を留める人がたくさん増えることでしょう。

Sapphire

石の名称

# サファイア

大天使　ミカエルとラジエル
色　不透明の青、黄色、緑、黒、紫
ヒーリング特性　心の中のおしゃべりを静めて、組織的なスキルを助け、直感力を高めます。
メッセージ
私は地球にもたらされた空の星として、すべての直感的な感覚を目覚めさせるために、あなたと一つになります。私を信じてください。あなたとともに、真実が聞こえるように、あなたの心を静めます。不確かに感じることが多いなら、私を身につけてください。そうすれば、あなたは静けさや落ち着きを感じるでしょう。探求者は自らの心の中で、目的の道を見つけます。心が語り始めると、探求の空間に明かりがともり、存在それぞれが持つ才能に光を照らします。明晰さと自覚によって、あなたの魂は、人間としての責任を喜びながら果たそうと立ち上がるでしょう。

Selenite

石の名称

# セレナイト

●大天使● ハニエルとミカエル
●色● 透明、オレンジ色、赤、茶色、緑がかった青
●ヒーリング特性● プレアデス星団からの情報にアクセスできるようにします。
さらに、ネガティブなものや恐怖感を癒す助けをし、波動調整と浄化の能力を提供します。

●メッセージ●
私は月の女神の友人であり、宇宙からの何層もの知識からなっています。

意識が変化するこの時代に、あなたと一緒にいるために遠くから旅してきた私には、スターピープルの持つ直感的鋭さがあります。

あなたの手の中にある私の重みには、剣と同じくらいなじみがあるものでしょう。

その剣は、かつてミカエルが護衛として天の扉を守っていたときのものです。

私と一緒にいれば、いつでも安全、慰め、安らぎが与えられるでしょう。調和したリズムで、私たちは環境や人間一人ひとりからエネルギーのごみを取り除きます。

あなたと高次な存在とのつながりが失われているなら、ひたすら集中し、断ち切られた結びつきの留め金、コード、糸が修復されて、再び愛が満ちていく様子を思い描いてください。

Silver

石の名称

# シルバー

大天使　ハニエル
色　金属光沢のある灰色
ヒーリング特性　女性らしい、受容性に富むエネルギーは、やさしく他の石と関係を結び、それらの石の特質を強めます。
メッセージ
私は月のように輝き、女性の神の顔を映し、その内側には限りない知恵の力を持っています。他の石と触れ合えば、その石が持つ可能性を最大限に活性化します。
女性のパワーは男性のパワーより小さいという誤解を減らすのが、私の使命です。女性のパワーは、単に男性のパワーと異なるだけなので、私たち一人ひとりの違いのように敬わなければなりません。これらの違いを大切にすることを学べば、世の中により強い連帯感と平和な共存がもたらされるでしょう。

Sugilite

石の名称

# スギライト

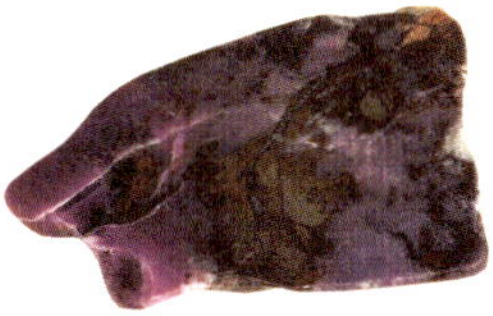

大天使　ミカエル
色　黒みがかった紫
ヒーリング特性　肉体とスピリチュアルな体とのつながりを促すために、松果体と下垂体の働きを強めます。
メッセージ
聖なるチャンネルの活性装置として、私はスピリチュアルな存在とのコミュニケーションを促します。よって、聖なるつながりを持つことに同意すれば、あなたは偉大なマスターたちとつながれます。他の領域の声に耳を傾けることは、あなたの選択によってのみなされます。あなたが同意すれば、私とワークすることでクレア（直感的感覚）が強くなり、かつて妨害された領域が開かれ、もっと豊かなコミュニケーションを経験できるでしょう。私は光の使命のために仕えている人と働き、最大限の成果を生み出せるように体のあらゆる面を調整して、彼らの努力を助けます。

Sodalite

石の名称

# ソーダライト

**大天使** ガブリエル、エレミエル、ラファエル、ザドキエル

**色** 濃い青で、白い縞模様があります。

**ヒーリング特性** コントロールに関する問題を手放せるように助けます。
スピリチュアルな気づきを高めてくれる、すばらしい石です。

**メッセージ**
私は依存症と、それが人生にもたらす深刻な影響を理解しています。悪循環を断ち切れるのは、自分や他人に対する偽りのない反省と誠実な態度だけです。なぜなら、真のコミュニケーションなしに大きく変わることは不可能だからです。

あなたが前へ進むにつれて、他人に奉仕する能力と、他人を助けるために自分の光を照らす能力が高まっていくでしょう。

私は、あなたが心を開き、傷つきやすくなったときに助けられるように、いつでもここにいます。ですから、この旅の途中、書かれた言葉や話された言葉の中に導きのサインを見つけて、恐怖感をやわらげてください。私をそばに置いて練習しましょう。

パターンは、我慢強さと自分への愛情によって断ち切ることができます。ですから、コントロールするのをやめ、自分の周囲にいるあらゆる次元の人たちからのサポートを受け取ってください。

あなたは安全です。

かつて自分を守るために作った障壁は取り除かれ、あなたのあらゆる感覚が再びよみがえるでしょう。

Tiger Eye

石の名称

# タイガーアイ

●大天使● ミカエルとウリエル
●色● 黄金色と赤色
●ヒーリング特性● 個人的なパワーとのつながりを促し、あなたの決心を強めます。さらに、洞察力を深め、頑固さをやわらげて、自信を与えます。
●メッセージ●
私の中には黄金色の光線が存在し、宇宙において自信や信頼によって与えられる可能性に光を当てます。私がそばにいると、目的の道を堂々と歩けるでしょう。私には、強い信念、しっかりした集中力、クリアなビジョンによって達成された喜びがあります。私は、自分の信念をつらぬき、自らの真実を世の中に示し、その一方でユニークな才能を分かち合いたいと望む人たちのための男性エネルギーです。黄金色の姿で、パワーと安定性を加え、落ち着きや自尊心を高めて、セイクラル・チャクラとソーラープレクサス・チャクラへ直接働きかけます。

## タイガーアイの種類

### レッドタイガーアイ

大天使 ガブリエル

ヒーリング特性 内なる知恵やガイダンスにアクセスして、あなたに自信を与えます。演説をするときにぴったりの石です。

メッセージ

私は、ファシリテーター、教師、講演者のすばらしい友人です。

私は、あらゆるコミュニケーション方法に関わっており、あなたの内なる知恵と学んだ専門知識を完全なる自信によって結びつけます。

私は、気楽に意見交換をさせたり、自分自身の思い込みについて調べさせたりするでしょう。その一方で、特にグループ内の人たちの気持ちを鋭く理解できるように促します。

Topaz

石の名称

# トパーズ

大天使　チャミュエル、ガブリエル、ヨフィエル、ミカエル、ラジエル
色　青、ピンク色、黄金色、透明（白）
ヒーリング特性　高いレベルで振動し、特に心を開いている人たちへ、情報やヒーリングを速いスピードでもたらします。
メッセージ
あなたとのつながりを喜び、私の一族は身を乗り出して、自分たちの物語を語ろうとします。私たちは恋人たちの貴重な贈り物、王族の装飾品、お守り、ヒーリング・ツールとして、長い歴史を超えて旅してきました。そして再び私たちの時代がやってきたのです。あなたと協力し合えるチャンスを心から歓迎し、お互いの触れ合いを通して惑星の振動を高めたいと思っています。

## トパーズの種類

## ブルートパーズ

大天使　ガブリエル
ヒーリング特性　作家やジャーナリストの石として、あなたが心からコミュニケーションができるように助けます。心は、あなたの創造性と目的とを結びつける場所だからです。
メッセージ
私はいつも流れるような言葉の贈り物をもたらします。それは、ちょうど川が海へと流れ出ていくようなものです。熟慮という一本の湧き水は、やがてアイディアの潮流となり、新しい理解を生み出して、哲学的会話を啓発するでしょう。

## ゴールデントパーズ

大天使　ミカエル
ヒーリング特性　この喜びにあふれた石は、あなたと協力して、天とのやりとりのた

めに、クラウン・チャクラを完全に開く助けをするだけでなく、富、健康、愛も引き寄せてくれます。

**メッセージ**

自信の擁護者として、あなたが誠実さや自尊心で個人的なパワーを輝かせられるように、私はソーラープレクサス・チャクラを活性化させます。あなたがあらゆる点で豊かな状態を創造できるように、喜んで助けましょう。エネルギーの高揚が必要なときには、私を身につけてください。そうすれば、あなたの人生に新たなワクワク感や希望がもたらされます。

## ピンクトパーズ

**大天使**

チャミュエルとヨフィエル

**ヒーリング特性**

この媚薬的な石は、まさに愛を引き寄せます。ハート・チャクラに対応する石として、無条件に他人を愛する能力を高めます。

**メッセージ**

愛の情熱的な性質は、私の美しい色に対応しています。それは、大切にされるべきすばらしい贈り物です。私は、自分のソウルメイトに出会い、心から受け入れる準備ができた人にとって、信頼できる友人です。

## ホワイトトパーズ

大天使　ラジエル
ヒーリング特性　あなたの波動レベルを高め、古いエネルギーを浄化し、神とつながっている感覚を高めます。
メッセージ
過去世も含めて、行き詰まったエネルギーを取り除くために、私とつながってください。そうすれば、その目的に集中して、古くなったパターンを取り除きます。
不幸をもたらす古い信念から逃れるために、神に助けをお願いしてください。すぐに天から祝福のコーラスが聞こえてくるでしょう。

石の名称

# トルマリン

大天使　アズラエル、チャミュエル、ガブリエル、メタトロン、ミカエル、ラファエル
色　黒、緑、ピンク色、西瓜色（ピンクと緑の組み合わせ）、赤、黄色、青
ヒーリング特性　この一族は、それ自身でエネルギーを自由に操れます。他の石と一緒に使うと、スピリチュアルな成長のためにチャクラの橋を創造します。
メッセージ　ヒーラーの一族としてユニークな効力を持ち、他の石との組み合わせにすぐれ、私たちは、進化とアセンションを助けるために多くのサービスを提供します。私を、素肌につけてください。私たちの波動は指輪やペンダントの中で、あなたの光の使命に美しさと強さを加えるからです。私たちは、この世に新しいヒーリングをもたらすスターピープルたちと喜んでワークします。パワフルな個々の色合いが、信念や理解の障害を乗り越え、意識の転換を容易にできるように助けます。チャクラと組み合わせて使えば、深い変容が起こり、統合する力と癒しの変化が増大するでしょう。

## トルマリンの種類

### ブラックトルマリン

**大天使**　ガブリエルとミカエル

**ヒーリング特性**
あらゆる形のネガティブなものを追い払うのにすばらしい石です。特に、携帯電話やコンピュータの電磁波の波動に効果があります。さらに、あなたの目的実現のために、創造的で実用的な方法が見つかるように促します。

**メッセージ**
私が近くにいると、あなたは電磁波を防護するシールドに包まれます。ですから、あなたを導き、お世話できるように、職場へと招待してください。そして、あなたのストレスを減らせるように、コンピュータの近くに置きましょう。

## グリーントルマリン

大天使　アズラエルとラファエル
ヒーリング特性　元気を回復させる石としてハート・チャクラから障害物を取り除き、人生の喜びや情熱を経験できるようにします。
メッセージ
私は心を開く石で、あなたの魂に元気を取り戻させるオアシスです。瞑想と黙想（静かに考えにふけること）を通して、滋養とヒーリングを与える水の流れを吸収してください。そうすれば、私が心配をやわらげ、あなたの喜びに再び火をつけましょう。

## ピンクトルマリン

大天使　チャミュエルとヨフィエル
ヒーリング特性　女性的なバランスをとる石で、あなたが深い愛情を受け入れ、宇宙の贈り物を受け取れるように助けます。

●メッセージ●
愛を探しているときには、私を呼んでください。あなたの心を自由な表現や感情へと開き、過去の傷をやわらげて、いらなくなった古いパターンに縛りつけていたものから解放します。私がそばにいると、気分がうきうきしてくるのがわかるでしょう。

## ウォーターメロントルマリン

●大天使● メタトロン
●色● ピンクと緑
●ヒーリング特性● 思いやりと情熱をうまく融合させて、身体的レベルとスピリチュアルなレベルで愛を創造します。
●メッセージ●
私の呼び声を感じる人には、あらゆる形の愛の恵みをもたらして、ハート・チャクラを強く速いスピードで活性化します。私の奇跡は、パートナー、友人、家族、愛する人の中に神の愛を映して見せることです。

Turquoise

石の名称

# ターコイズ

**大天使** サンダルフォン
**色** 青、緑、トルコ色で、よく黒い脈状の模様や色調が含まれます。
**ヒーリング特性** 天と地のエネルギーを融合します。このシャーマンの石は、スピリットを癒して、知恵や信頼ややさしさを引き出します。
**メッセージ**
私は、全世界でシャーマンの石として知られ、海と空を結合させた恵みをもたらし、この人生における美と博愛を映し出します。私は、天と地が一つであることを体現した存在で、脈状の模様はヒーリングの知恵の噴水です。あなたにとっての真実を話し、自分の心を癒し、魂を自由にし、恐れずに前進するために、私を使ってください。パワーとガイダンスをお願いしましょう。そうすれば、古代人たちが、あなたの呼び声に気づき、あなたという存在のリズムの中で答えてくれるでしょう。今、静けさの中に深く入り、自らにヒーリングを与えてください。

付　録

# クリスタル・チャート

| 体の部位 | 石 |
|---|---|
| 視力 | エメラルド、フローライト、<br>ロードクロサイト |
| 目 | アクアマリン、ロードクロサイト |
| 耳 | アンバー、ブルーフローライト、<br>サファイア |
| 聴力 | ラピスラズリ、サファイア、<br>ソーダライト |
| 口腔 | ソーダライト |
| 歯 | カルサイト、フローライト |
| 喉 | アンバー、トルマリン、ターコイズ |
| 甲状腺 | クリソコラ、ラピスラズリ、<br>ペリドット |
| 胸部 | アメジスト、ペリドット |
| 背中 | ブルーカルサイト、<br>ゴールデントパーズ |
| 背骨 | ジャスパー、ラブラドライト |
| 手 | クォーツ |
| 足 | アクアマリン、オニキス |
| 松果体 | クリアクォーツ、フローライト |
| 下垂体 | アメジスト、フローライト、<br>ラピスラズリ |
| 心臓 | ダイオプテーズ、ゴールド、<br>ペリドット |
| 肺 | クリソコラ、ダイオプテーズ |
| 肝臓 | アズロマラカイト<br>ペリドット、ロードクロサイト |
| 膵臓 | グリーンモスアゲート |
| 胆嚢 | ガーネット、ジャスパー、マラカイト |

| | |
|---|---|
| 腎臓 | カーネリアン、ハニーカルサイト、ジェイド |
| 結腸 | アンバー、マラカイト |
| 膀胱 | カーネリアン |
| 尿路 | アンバー、シトリン、ジェイド |
| 生殖器 | ガーネット、オブシディアン、スモーキークォーツ |
| 胸腺 | アクアマリン、ロードクロサイト |
| 呼吸 | アンバー |
| 血管 | アクアマリン、オパール |
| 血液 | カーネリアン、ヘマタイト |
| 血液循環 | シトリン、パイライト、ルビー |
| 骨 | カルサイト、ゴールドタイガーアイ |
| 関節 | ダイオプテーズ、ヘマタイト |
| 免疫システム | ブルークォーツ、レピドライト、マラカイト |
| 髪の毛 | マラカイト、オパール、クォーツ |
| 皮膚 | アズロマラカイト |
| つめ | カルサイト、オパール、パール |
| 脚 | ジェイド |

| 女性の体、妊娠・出産 | 石 |
|---|---|
| 月経期間 | ムーンストーン、スモーキークォーツ |
| 卵巣 | タイガーアイ、ムーンストーン |
| 妊娠 | コーラル、ガーネット |
| 妊娠期間 | ダイオプテーズ、ローズクォーツ |
| 出産 | ジャスパー、ムーンストーン、ルビー |
| 更年期 | ガーネット、ラピスラズリ、ムーンストーン |

| 心 | 石 |
|---|---|
| あがり症 | アクアマリン、 ムーンストーン、<br>レッドタイガーアイ |
| 依存症 | アベンチュリン、ソーダライト |
| 拒食症 | グリーンモスアゲート、ロードクロサイト |
| 不眠症 | フローライト、ラピスラズリ、<br>ソーダライト |
| 虐待 | スモーキークォーツ |
| 不安 | シトリン、ラピスラズリ、<br>スモーキークォーツ |
| 憂鬱感 | アズライト、クンツァイト、トパーズ |
| 深い悲しみ | ラピスラズリ、オブシディアン、<br>ローズクォーツ |
| 心を<br>落ち着かせる | ブルーレースアゲート、クリアクォーツ、<br>ローズクォーツ |
| 自信 | アベンチュリン、ゴールド |
| ストレス | アズロマラカイト、ターコイズ |
| 心配を減らす | オレンジカルサイト、<br>タンジェリンクォーツ |
| 失恋 | マラカイト、ピンクトパーズ、<br>ローズクォーツ |

| 病気やけが | 石 |
|---|---|
| 痛み | マラカイト、スギライト |
| かゆみ | アズライト、マラカイト |
| アレルギー | クリソコラ |
| 食欲不振 | ムーンストーン |
| 風邪 | クリアフローライト、パープルフローライト |
| 喘息 | グリーントルマリン、ロードナイト |
| 気管支炎 | パイライト、レッドジャスパー、ルチルクォーツ |
| 頭痛 | アメジスト、ブルーレースアゲート、スギライト |
| 偏頭痛 | ダイオプテーズ、トルマリン |
| 蓄膿症 | フローライト |
| 血圧 | ダイオプテーズ、ターコイズ |
| 犬にかまれた | アメジスト、カーネリアン、ダイオプテーズ |
| 骨折 | カルサイト、ヘマタイト、ダイオプテーズ |
| 関節炎 | コッパー、スモーキークォーツ |
| 差し込み | ジェイド、マラカイト |
| 盲腸炎 | カーネリアン、シトリン |
| 火傷 | アイリスアゲート、ソーダライト |
| 癌 | ロードクロサイト、スギライト |
| 糖尿病 | アメジスト、ジャスパー、マラカイト |
| てんかん | モルダバイト、黒玉 |
| 性的不能 | ガーネット |
| 感染症 | ルビー、ターコイズ |
| 潰瘍 | クリソコラ、ゴールド、タイガーアイ、パイライト |
| 昏睡状態 | モルダバイト |

| スピリチュアル | 石 |
|---|---|
| 人生の目的 | クリアクォーツ、エメラルド |
| 過去世 | アメジスト、オブシディアン |
| クレアボイアンス | アメジスト、アズライト、クリアクォーツ |
| アストラル・トラベル | エンジェライト、アポフィライト、グリーンカルサイト |
| 除霊 | オブシディアン、オニキス |

| その他 | 石 |
|---|---|
| エネルギー増強 | アンバー、ジャスパー、ペリドット |
| 富 | シナバー、ジェイド |
| 金銭問題 | シナバー、シトリン、ジェイド |
| ビジネス | シナバー、シトリン |
| 変化への対応 | ガーネット、ピンクトルマリン、スモーキークォーツ |
| 記憶 | アンバー、ファイアーアゲート、パイライト |
| 夢 | ダイヤモンド、ルチルクォーツ |
| 悪夢 | アメジスト、カルセドニー、ロードナイト |
| 喫煙 | アメジスト、アベンチュリン |
| ダイエット | ラブラドライト |

［著者］
**ドリーン・バーチュー**（Doreen Virtue）
心理学者。現在はエンジェル・リーディングをおこなうプラクティショナーの養成に力を入れると同時に、CNNなどのメディアへの出演や講演活動、各種のワークショップをおこなっている。著書には、『エンジェル・ヒーリング』『エンジェル・ナンバー』『エンジェル・ガイダンス』『エンジェル・センス』『エンジェル・セラピー瞑想CDブック』（以上、ダイヤモンド社）など多数がある。www.angeltherapy.com

**ジュディス・ルコムスキー**（Judith Lukomski）
直感能力者、生まれながらのクレアボイアンス能力者であり、クリスタルエナジー・ヒーラー。クリスタルのエネルギーとの強いつながりがあり、天使やエレメンタル、アセンデッド・マスターなどと協力し合いながら、ワークショップを主宰して、人々のスピリチュアルな成長を助けている。www.crystalfriends.com

［訳者］
**奥野節子**（おくの・せつこ）
北海道生まれ。高校の英語教師を経て、ジョージ・ワシントン大学大学院修了後、ニューヨークの米企業に勤務。訳書に、『「死ぬこと」の意味』（サンマーク出版）、『チャネリング・ガイド』『エンジェル・ナンバー実践編』『エンジェル・フェアリー』『オーブは希望のメッセージを伝える』『天使の声を聞く方法』（以上、ダイヤモンド社）など多数がある。

**エンジェル・クリスタル・セラピー**
——天使のエネルギーで、石のパワーを高める

2012年6月14日　第1刷発行

著　者——ドリーン・バーチュー　ジュディス・ルコムスキー
訳　者——奥野節子
発行所——ダイヤモンド社
〒150-8409　東京都渋谷区神宮前6-12-17
http://www.diamond.co.jp/
電話／03·5778·7234（編集）　03·5778·7240（販売）
カバーデザイン—浮須芽久美（フライスタイド）
カバーイラスト—Marius Michael-George
人物写真（ドリーン・バーチュー）—www.photographybycheryl.com
本文デザイン—浦郷和美
本文イラスト、DTP制作—伏田光宏（F's factory）
製作進行——ダイヤモンド・グラフィック社
印刷————勇進印刷（本文）・慶昌堂印刷（カバー）
製本————宮本製本所
編集担当——酒巻良江


ISBN 978-4-478-01424-0

# 索引＆石の特性一覧

## あ

◆**アクアマリン** …… 143
あなたの感情体、精神体、肉体のバランスを整える働きをします。宇宙の真実に気づかせ、それと一つにしてくれます。
◆**アゲート（めのう）** …… 133
あなたの心と体を強めて、真実を見分ける助けをします。チャクラの色と関連させて使うと、強力なヒーリング効果を持つ石です。
ブルーレースアゲート …… 135
ボツワナアゲート …… 135
クレージーレースアゲート …… 136
ファイアーアゲート …… 137
グリーンモスアゲート …… 138
◆**アズライト** …… 145
変容の石で、創造性、直感、インスピレーションとつながっています。幻想を取り除きます。
◆**アズロマラカイト** …… 146
２つの鉱物の強力な特質が溶け合い、新しいエネルギーを作り出しています。ストレスを軽減し、あなたが個人的パワーを受け入れられるように集中して働きます。
◆**アベンチュリン** …… 144
心の苦しみを癒し、あなたの陰と陽のエネルギーのバランスを促します。
◆**アポフィライト** …… 142
クレアボイアンス能力を高め、体外離脱体験を助けます。すばらしい瞑想の石です。天使のエネルギーとつなげてくれ、あなたが自分の夢を覚えていられるように助けます。
◆**アメジスト（紫水晶）** …… 140
心を落ち着かせ、守ってくれる宝石です。すばらしい瞑想の道具です。スピリチュアルな能力の発達を促します。
◆**アンバー（琥珀）** …… 139
古代のマニフェステーション（現実化）のための道具です。自分の目標達成のために、注意を集中して、この石を使ってください。
◆**ウォーターメロントルマリン** …… 245
身体的なレベルとスピリチュアルなレベルでの愛を創造するために、思い

やりと情熱を融合します。
✦**エメラルド** ………… 176
心の石です。夢のワークと瞑想に役立ちます。スピリチュアリティと意識を深めます。あらゆる目的にかなうヒーリング・ストーンです。
✦**エンジェライト** ………… 141
穏やかなエネルギーで恐れを取り除きます。信じる心や平静さを強めます。アストラル界への旅や天使との対話にうってつけの石です。
✦**オーシャンジャスパー** ………… 187
ピンク色と緑という心を癒す性質を表したものです。円形の模様が完全呼吸とエネルギーの動きを助けます。
✦**オニキス** ………… 209
ビジョンや夢に対する気づきを高めます。自制心やグラウンディングを強めます。集中力を高めたい人にはぴったりです。
✦**オパール** ………… 210
調和をもたらす石です。安らぎの感覚を創造するため、あなたの体のあらゆる面のバランスをとります。
✦**オブシディアン** ………… 206
感受性の強い人を保護します。ネガティブなものや苦しみ、好ましくない感情を追い払います。
レインボーオブシディアン ………… 207
スノーフレークオブシディアン ………… 208
✦**オレンジカルサイト** ………… 153
創造的表現の新しい気づきや理解をもたらします。自分の能力を受け入れることの大切さを思い出させます。

## か

✦**ガーネット** ………… 180
情熱、創造性、目的意識を刺激します。血液に関係する病気を癒すのに役立ちます。
✦**カーネリアン** ………… 155
精神的集中と創造的なインスピレーションの間のバランスをとり、あなたのビジョンを実現します。アーティストにとって、理想的な石です。
✦**カイヤナイト** ………… 192
あなたを若々しい情熱や楽天性に結びつけます。信頼して心のままを率直に話し、人生がもたらす喜びを経験できるように助けます。

✦ **カルサイト** …… 148
肉体、精神体、感情体、スピリチュアル体の基本構造へエネルギーを与えます。オーラのバランスを整えます。
ブルーカルサイト …… 149
ブラウンカルサイト …… 150
クリーミーカルサイト …… 150
グレイカルサイト …… 151
グリーンカルサイト …… 152
ハニーカルサイト …… 152
オレンジカルサイト …… 153
ピンクカルサイト …… 154
✦ **菊花石** …… 160
両立性を促す変化の石です。陽気さや無邪気さを通して、統一体を作り上げます。障害を取り除き、あなたが目標に向かって歩み始め、前進し続けたりできるように助けます。
✦ **クォーツ** …… 216
あらゆる種類の恵みをあなたの人生に引き寄せます。あなたの魂に星をもたらすと信じられています。あなたのスピリチュアルな気づきを高め、覚醒のプロセスを強めます。エネルギーの調和をとります。
ブルークォーツ …… 217
グリーンクォーツ …… 218
ローズクォーツ …… 219
スモーキークォーツ …… 220
タンジェリンクォーツ …… 221
✦ **クリーミーカルサイト** …… 150
アストラル界への旅を助けます。感情のバランスを整え、陽気で安らいだ感覚をもたらします。
✦ **グリーンカルサイト** …… 152
体のためのすばらしいヒーラーです。くつろぎや調和の中で、神のエネルギーをあなたの人生へともたらします。
✦ **グリーンクォーツ** …… 218
創造性を促します。成功や豊かさを引き寄せます。愛と結びついた直感能力を高めます。
✦ **グリーントルマリン** …… 244
元気を回復させてくれる石です。人生の喜びや情熱を経験できるように、あなたの心を開きます。

✦**グリーンモスアゲート** …… 138
自然の化身です。この石を手に持つと、自然界とすぐにつながれるでしょう。精霊たちにとってすばらしい石です。
✦**クリソコラ** …… 162
あなたのハート・チャクラのバランスをとり、感情の安定や気づきをもたらします。宇宙の愛が持つ癒しのエネルギーをあなたの個人的経験に注ぎ込みます。
✦**クリソコラマラカイト** …… 164
ビジネスにとってすばらしい石です。あなたが富を手に入れ、愛する能力を高め、障害物を取り除けるように助けます。
✦**クリソプレーズ** …… 159
個人的な問題を癒す、明るく、喜びにあふれたクリスタルです。穏やかなヒーリングのエネルギーで、ふさいだ気持ちが明るくなるように助けます。
✦**グレイカルサイト** …… 151
個人のパワーに注意を集中させます。意思決定のためのクリアな思考を生み出します。
✦**クレージーレースアゲート** …… 136
母なる大地と再びつなげてくれるすばらしい道具です。複数の優先事項を考慮しなければいけないとき、この石が地に足の着いた感覚を与えます。
✦**クンツァイト** …… 190
あなたの心を愛へと開いてくれます。バランスのとれたパートナーシップを築けるように助けます。個人の別離とストレスを軽減し、地上での平和を促します。
✦**コーラル（珊瑚）** …… 169
海からの貴重な贈り物で、骨格の癒しを助け、感情的な苦しみをやわらげます。
✦**ゴールデントパーズ** …… 239
富、健康、愛を引き寄せるためのパートナーです。天とのやり取りのために、クラウン・チャクラが完全に開くように助けます。
✦**ゴールド** …… 179
万能のヒーラーです。世の中に行動の男性的エネルギーを示す一方、安定させ、清め、バランスをとります。豊かさと幸せについて語ります。
✦**コッパー（銅）** …… 166
関節痛をやわらげるのに非常にすぐれています。自尊心や自己認識を高めます。感情的な境界線を築けるように助けます。
✦琥珀　→　アンバー

## さ

✦**サファイア** ……………………………… 229
心の中のおしゃべりを静めます。あなたの組織的なスキルと直感能力を高めます。
✦珊瑚　→　コーラル
✦**ジェイド（翡翠）** ……………………………… 184
健康面でも役立つ幸運の石です。過去世を思い出させ、古代の知恵とつなげてくれます。特にアジアの伝統において用いられます。
✦**シトリン** ……………………………… 168
あなたのハイヤーセルフと協力して、古いパターンを癒すエネルギー調整の道具です。自尊心を高め、豊かさを引き寄せます。
✦**シナバー** ……………………………… 165
よく商人の石と呼ばれます。商売で利益のある取引ができるように助け、豊かさの感覚をもたらします。
✦**ジャスパー** ……………………………… 186
チャクラと働いて、バランスを取り、再調整し、癒しを与える石の一族です。やわらかなエネルギーがはぐくみを与え、組織運営力を強め、プロジェクトの達成を速めます。
オーシャンジャスパー ……………………………… 187
ピクチャージャスパー ……………………………… 188
✦**シルバー** ……………………………… 232
女性らしく受容性に富むエネルギーが、やさしく他の石と関係を結び、それらの石の特質を強めます。
✦**スギライト** ……………………………… 233
肉体とスピリチュアルなつながりを促すために、松果体と下垂体の働きを強めます。
✦**スノーフレークオブシディアン** ……………………………… 208
あなたがポジティブな結果に心を集中できるように、恐怖感をやわらげ、注意を向ける焦点のバランスを再調整します。
✦**スモーキークォーツ** ……………………………… 220
すばらしい瞑想のパートナーで、足を地に着けさせ、心を集中させます。恐れを取り除く助けをし、夢への気づきを促します。
✦**セレスタイト** ……………………………… 156
より高い意識レベルへ進化できるように助けます。天使とつながるための

コミュニケーションの道具として働きます。あなたの個人の真実への気づきを高めます。
✦セレナイト……230
プレアデス星団からの情報にアクセスさせます。ネガティブなものや恐怖感を癒します。波動調整と浄化の能力を与えます。
✦ソーダライト……234
コントロールに関する問題を手放せるように助けます。スピリチュアルな気づきを高めます。

## た

✦ターコイズ……246
天と地のエネルギーを融合します。スピリットのヒーラーで、知恵や信頼ややさしさを引き出します。これはシャーマンの石です。
✦ダイオプテーズ……173
人生のバランスを高めます。あなた個人の目的に取り組みながら、調和を生み出せるよう用いられます。パワフルなヒーラーです。
✦タイガーアイ……236
個人的なパワーとのつながりを促し、あなたの決心を強めます。さらに、あなたの洞察力を深め、頑固さをやわらげて、自信を与えます。
レッドタイガーアイ……237
✦ダイヤモンド……174
虹とチャクラのあらゆる色を表しています。明晰さ、献身、コミュニケーションの道を切り開いてくれます。繁栄、愛、スピリチュアリティを高め、さらに個人的な目的のために働きます。
✦タンジェリンクォーツ……221
感情のバランスをとります。心を落ち着かせ、なだめながら、あなたの創造性や神のインスピレーションに対する受容性を高めます。
✦ダンビュライト……170
シャーマンの石です。クリアで純粋かつ強烈なエネルギーが、喜びを与えることで、邪魔ものや障害物を取り除きます。他のクリスタルと合わせて使うと強力なヒーリング・ツールになります。
✦チャロアイト……158
スピリチュアルな気づきや能力を高めます。隠れた恐怖感を発見し、癒すための触媒となります。
✦デザートローズ……172

幸福の感覚を高めます。宇宙の計画におけるあなた個人のユニークな価値を理解できるようにします。
✦銅 → コッパー
✦**トパーズ** ……… 238
高いレベルで振動し、心を開いている人たちへ、速いスピードで情報やヒーリングをもたらします。
ブルートパーズ ……… 239
ゴールデントパーズ ……… 239
ピンクトパーズ ……… 240
ホワイトトパーズ ……… 241
✦**トルマリン** ……… 242
このヒーリングの重要な一族は、それ自身で、エネルギーを自由に操ります。他の石と一緒に使われると、スピリチュアルな成長のためにチャクラの橋を創造します。
ブラックトルマリン ……… 243
グリーントルマリン ……… 244
ピンクトルマリン ……… 244
ウォーターメロントルマリン ……… 245

## は

✦**パール** ……… 212
高潔さ、純粋さ、優美さのシンボルです。天とつなげる特別な石で、有色の石と組み合わせて用いると、特にすばらしい働きをします。
✦**パイライト** ……… 214
この世での豊かさを創造する助けをします。瞑想中、心を落ち着かせてくれ、多様なエネルギーのバランスをとる能力を強めます。
✦**ハニーカルサイト** ……… 152
有害なものを取り除き、あなたが最も健康な状態になるよう調整します。
✦翡翠 → ジェイド
✦**ピクチャージャスパー** ……… 188
自然が与えるヒーリングを家の中へ持ち込むための理想的な友です。瞑想することの大切さを思い出させてくれるでしょう。
✦**ピンクカルサイト** ……… 154
自分に対する愛を高めるため、ハート・チャクラをきれいにし、再びバランスをとります。思いやりの能力を伸ばします。

✦ピンクトパーズ……240
この媚薬の石は、まさに愛を引き寄せます。無条件に他人を愛する能力を高めるハート・チャクラの石です。
✦ピンクトルマリン……244
女性的なバランスをとる石で、あなたが深い愛情を受け入れ、宇宙の贈り物を受け取れるように助けます。
✦ファイアーアゲート……137
占星術師の石です。安全で守られている感覚を高めてくれます。
✦ブラウンカルサイト……150
優先事項が対立しているとき、安定装置として働きます。両親やビジネスをしている人にとってすばらしい石です。
✦プラチナ……228
すばらしいスピードでエネルギーを動かすハイレベルの導体です。ダイヤモンドとの組み合わせは、とてもすばらしいものです。
✦ブラックトルマリン……243
あらゆる形のネガティブなものを追い払うすばらしい石です。特に、携帯電話やコンピュータの電磁波の波動に効果的です。さらに、あなたが望む目的の実現のために、創造的で実用的な方法が見つかるように助けます。
✦ブルーカルサイト……149
関節痛をやわらげ、痛みの根本的原因を明らかにします。
✦ブルークォーツ……217
感情的な問題の解決を助ける道具です。あなたの環境の浄化にも効果的な石です。特に、他人との付き合いで浄化が必要なときに効果的です。
✦ブルートパーズ……239
作家やジャーナリストの石として、心からのコミュニケーションを促し、あなたの創造性と目的とを結びつけます。
✦ブルーレースアゲート……135
落ち着きをもたらします。自分についての理解を深めて、ストレスがあるときも心の平静を保てるように助けます。
✦フローライト……178
より深い気づきとスピリチュアルな成長を助けます。あなたのエネルギーをしっかりと落ち着かせ、集中力を高めます。元気を回復させるための強力な道具です。
✦ヘマタイト……182
あなたの個人的な魅力（引き寄せの力）、楽天性、意志、勇気を強めます。体とエーテル体を強くします。グラウンディングの道具になります。

✦**ペリドット** ………… 213
心の感受性を高めます。人生のあらゆる領域で、繁栄をもたらします。正直さと高潔さとの関係を理解するのに非常に貴重な石です。
✦**ボツワナアゲート** ………… 135
青と灰色の穏やかな動きが、あなたの神経を落ち着かせ、ふさいだ気持ちを改善し、奉仕へと注意を集中させます。
✦**ホワイトトパーズ** ………… 241
あなたの波動レベルを高め、古いエネルギーをきれいにし、神とつながっている感覚を高めます。


## ま


✦**マラカイト** ………… 202
すばらしいヒーラーです。心を強くして、健康な肉体を作り上げます。心から望む人生の目的に取り組ませ、豊かさを引き寄せます。
✦**ムーンストーン** ………… 205
新しい始まりの石で、幸運のお守りです。ポジティブな変化を促し、旅行者を守ります。
✦紫水晶　→　アメジスト
✦めのう　→　アゲート
✦**モルダバイト** ………… 204
並々ならぬ波動が、気づきによって意識を進化させます。あなたがアセンデッド・マスターにつながれるように助けます。


## ら


✦**ラピスラズリ** ………… 194
あなたのサードアイ・チャクラ（第三の目）を開き、感覚を拡大します。あなたの心と頭とつなげ、バランスをとり、互いに頼り合える人間関係を作ります。
✦**ラブラドライト** ………… 189
星の寺院を象徴します。自分の運命を見つける助けをします。あなたの内なる視界をクリアにします。
✦**ラリマー** ………… 196
ユニコーンのやさしく、無邪気なエネルギーを思い出させてくれます。穏やかなエネルギーで落ち込んだ気分から立ち直らせます。

✦ルビー……226
愛を強める石です。自分の心とのつながりに気づかせてくれます。あなたの心を自分自身に対する愛へと開かせ、その結果として、他人の献身的な愛情を受けとめられるようにします。
✦レインボーオブシディアン……207
過去の視点から現在を理解するのを助けます。あなたの古い思い込みや判断を手放せるように助けます。
✦レッドタイガーアイ……237
内なる知恵やガイダンスにアクセスして、あなたの自信を強めます。演説をするときにぴったりの石です。
✦レピドライト……200
リラックスさせ、ストレスをやわらげて、取り去ります。あなたがハイヤーセルフを見つけられるように助けます。
✦レムリアンクォーツ……198
あなたを過去の文明からの情報につなげる強力で珍しいクリスタルです。集中力を強めて、自信を持てるように促します。強力なテレパシーの石で、ヒーリングのパートナーになります。
✦ローズクォーツ……219
あらゆるレベルでの感情的なつながりに対し、心が開くように癒しを与えます。自分に対する愛にエネルギーを集中します。内なる平和、落ち着き、ヒーリングを促します。
✦ロードクロサイト……222
変化の瞬間を楽にしてくれます。上下のチャクラの間に橋をかけ、バランスがとれ、愛にあふれた人生へのアプローチを創造します。
✦ロードナイト……224
トーニングで使われ、音のボリュームを大きくし、つながりを強めます。古いパターンや苦しみを追い払うのに効果的な石です。